U0065383

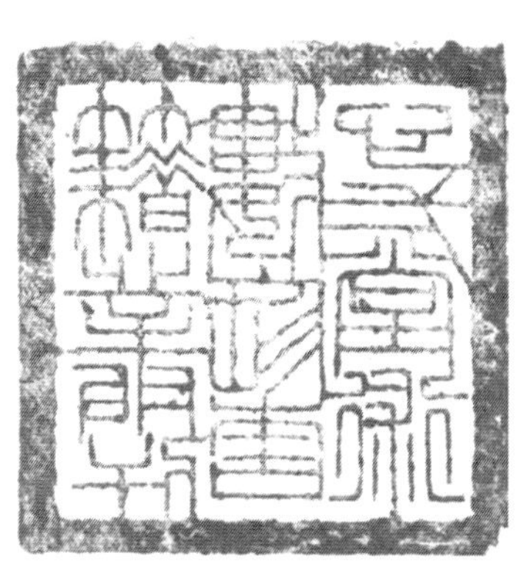

書名：邵夫子先天神數（二）
作者：題〔宋〕邵雍
系列：心一堂術數珍本古籍叢刊　星命類　神數類

主編、責任編輯：陳劍聰
心一堂術數珍本古籍叢刊編校小組：陳劍聰　素聞　梁松盛　鄒偉才　虛白盧主

出版：心一堂有限公司
地址／門市：香港九龍尖沙咀東麼地道六十三號好時中心LG　六十一室
電話號碼：+852-6715-0840
網址：www.sunyata.cc
電郵：sunyatabook@gmail.com
網上書店：http://book.sunyata.cc
網上論壇：http://bbs.sunyata.cc/

版次：二零一三年九月初版
平裝：二冊不分售

定價：港幣　六百八十元正
　　　人民幣　六百八十元正
　　　新台幣　一千九百八十元正

國際書號：ISBN 978-988-8266-02-9

香港及海外發行：香港聯合書刊物流有限公司
地址：香港新界大埔汀麗路三十六號中華商務印刷大廈三樓
電話號碼：+852-2150-2100
傳真號碼：+852-2407-3062
電郵：info@suplogistics.com.hk

台灣發行：秀威資訊科技股份有限公司
地址：台灣台北市內湖區瑞光路七十六巷六十五號一樓
電話號碼：+886-2-2796-3638
傳真號碼：+886-2-2796-1377
網路書店：www.govbooks.com.tw
　　　　　www.bodbooks.com.tw
經銷：易可數位行銷股份有限公司
地址：台灣新北市新店區寶橋路二三五巷六弄三號五樓
電話號碼：+886-2-8911-0825
傳真號碼：+886-2-8911-0801
email：book-info@ecorebooks.com
易可部落格：http://ecorebooks.pixnet.net/blog

中國大陸發行・零售：心一堂書店
深圳地址：中國深圳羅湖立新路六號東門博雅負一層零零八號
電話號碼：+86-755-8222-4934
北京地址：中國北京東城區雍和宮大街四十號
心一店淘寶網：http://sunyatacc.taobao.com

邵夫子先天神數　火部

庠七
吟擺
富貴
更合
煙工

桃李花開子初成
生辰五月戌十二
南星甘草遠防風
父母在堂富且貴
時逢雨露逐新冬
生辰十月初七日
運至庚子多心疑
日時酉沉难見影
命中八字皆前定
向君原是何生理

時將半夏暑氣逢
衣祿安然總趣心
五月二十六日生
壯丹枝上子規鳴
滿门花菓忌防風
人參又怕麥门冬
財散病來惹是非
春光卻後只空枝
今生合主手藝能
每年定主造新紅

丑刻

祿位
安然
官滯
雁行
竝行

運行庚子事未明
若遇半夏生子家
丑時生人命非常
妻子水土得平安
運行此歲是凶年
急忙禳祭書符解
空中鴻雁分東西
己身形容有帶破
命犯刑冲主有傷
少年父親歸陰去

望大貪高總難成
終得興家主亨通
離却高堂承伯叔
后日家賍始興隆
官災口舌是非纏
方保全家得安然
一个孤鴻獨自飛
更比梅梢月下遲
合主父母不安康
誰知母親亦逝亡

董拜
町曈
即止
客留
笑云

命中四柱前生定
幼年小時多辛苦
和風起處園林好
生辰四月初十日
時當炎陽半夏天
生辰六月初二日
流年時逢六十一
月深斜陽臨玄晚
月到中天影漸移
生辰十月十三日

桃花開放接李成
過房與人為義兒
向日葵花色更鮮
滿堂生芽喜氣喧
薰風送暑荷花鮮
夏景堂前燕穿簾
計都交關命有虧
枉然魂斷一命歸
雲收霧散各有時
露冷風寒人更淒

初二刻

衫出
華路
同浇
涯耀
寒出

運入太陽有何妨
註定六十二歲壽
運至辛丑災禍臨
出入經營人口病
八字生來皆前定
向居一世何生理
雨后花開得意遲
平生剛節松柏堅
此運定就犯不祥
幸有吉星忍相照

時常災病不離床
命中辭世饒黃粱
求財不遂日西沉
君子祿祭得安身
陰陽推算如通神
鑄造其功也用銅
生辰三月十六日
枯木逢春又發芽
是非口舌生悲傷
已后方免心焦勞

石伐

制焰

作潛

雨益

雨乾

長空兩雁作羣飛
數定前生有帶破
羊年憂驚猴久安
丙戌五六九月內
自幼生身離父母
命中合剋該離先祖
辛丑運中主不通
夜思憂想难成事
命中八字生時硬
幼年若不見病疾

兄弟一時望潭西
萬里青山一鶴棲
雖然不安福星全
定有口舌是非來
是成重拜兩爹娘
運至却置外人旁
財來財去總是空
辛去丑來得安寧
自己身中合有妨
寄姓重拜兩爹娘

初三刻

求寧　宸寵　亥刑　湍屋　燕書

蟋蟀居壁对鳴蝉
生辰六月初八日
此命前世生成福
子息若生得鼎命
朔風凜々遠寒冬
生辰十月初一日
正值仲秋暮景天
生辰八月初七日初
命運合該六十三
時離光陰歸陰早

寒去暑来半夏天
今日子母各得安
父親原是屬龍人
已後必定旺家门
黄葉分飛半虛空
始見雙親屬元庚
金風吹動遠窗前
蝉送秋凉景自然
寒往暑来几度春
飛魂一夢辭紅塵

仁炎
側此
鑽火
皆用
石火

運行壬寅禍事臨　災殃財破又逢凶
但得福神相扶助　福來財聚得安寧
暮景三春是重陽　滿園甘艸菊花香
生辰九月十三日　月過南樓照畫堂
小〻鑼兒手下獻　引得童孩把手招
肩挑象牙綠紅担　杏林〻上任意遙
命中衣祿在今朝　泥上做盆燒尾窰
傳於四方多人買　家財憑此永良宵
命中八字是前生　囊中箭〻生意微
問你生理是何等　我在上窰燒石灰

巳初刻罗

四市
吟云
南青
久禁
車來

大運流年行壬寅
口舌疾痛時常有
此命八字前生定
須知子宮屬狗相
三雁分飛立江濱
兄弟內中有帶破
此運口舌事必連
合主財帛多失散
雷鳴空中一声响
四生辰四月十六日

君子財帛土上求
只待寅地显峥嵘
父龍原是屬龍人
先天数定父親存
艸木森〻仁義存
秋青萬里望帰程
是非勾攬又相纏
月下常有不安然
四野風生凉烈威
風搖煙雨子規鳴

扦竄　各単　禾秀　官鄉　擔頭

八字原来屬浔真
子宮定是屬鼠命
暑氣炎天六月中
生辰正是十四日
時值中秋雁南過
生辰八月十三日
此歲凶運又来纏
杜鵑啼鳥歸泉日
大運流年到癸卯
人離財散官事来

父母原是馬年生
歷代公室廣傳名
八字数内分吉慶
只遇寒蟬盼秋風
金風送暑蟬自鳴
幾度春光幾度年
六十四上人必難
一夢魂飛到九泉
君子灾殃禍不少
必須禳祭福自安

正初刻叄

頭魂

中辛

巳玉

吽雲

云有

八字一生皆前定
原好立建新宮舍
初交旺運福自興
八字若遇財旺地
大運行來到癸卯
小人不足多侵害
四雁高飛望長江
兄弟內中有代破
三十三歲舒妙籌
朱衣點頭君始見

衣祿一世不齊功
此命必主大祥豐
已到中運困苦中
晚年家産必重〻
求財不順莫行早
下半運中方得好
楚天風雨更淒涼
棠棣花開思故鄉
經綸大展動九州
折桂還當占鰲頭

房親

女犯

近倬

明山

老皆

八字若遇財旺地
已后悬养伯父母
化胎五鬼在身邊
若要膝下子宮在
運至此年有一限
若还不是救星好
碧桃花開春光好
生成三月二十二
庭前丹桂與栢齊
生辰六月二十日

却把別人作父母
叔父方可一解視
生男一世枉徒然
大鄉必納偏房妻
八字空卜在眼前
几年一命喪黃泉
風吹殘花逐水流
玉簪放開牡丹愁
半夏甘草與防風
一世榮花福祿宜衣

正初刻六分

娘鈕

父食

般合

婚尋

賦弌

八字生為先數定
子宮若得屬牛命
金風颼颼行寒地
生辰八月十九日
運行歲已到命宮
寒露濃濃花落早
數定你命好手藝
由紅赤紫朱皆俊
甲辰運行莫憂心
甲字一過方快樂

父親原來是屬龍
舉家祿祿一般仝
鴻雁行行望濱飛
白露先后定無疑
更逢六十五歲終
一枕黃梁夢歸空
燒作心紅造作龍
猶可以此粧神明
眼下卜明有黃金
運行別宮喜欣欣

寒生作丙公四煙溪衡流

先天定你子息宮
一生五个排行定
紙爺裝成炮張威
煙火流星隨手造
大運行來到乙巳
已到丙火財源透
雁行飛過別岩峯
立志不成人不解
命中八字前生定
男女宮中天造定

空中鳴雁有行飛
兄弟之中有精奇
平地一声响如雷
更有花炮占名魁
不必憂疑等喜事
福祿榮花事已至
二子各解不興成
数定梨花一樹生
一世生來子嗣孫
當作冥蛉為事迹

正初刻七分

惡居　跣足　諗澗　甘菓　樹勝

此數歲行年要隄防
多有吉星來照命
金烏入墜西又東
生月四月二十二
夏月炎天火氣冲
生辰六月二十六
白雲賓鴻過南樓
生辰八月二十五
滔滔一派水東流
雷响一声六十六

君子灾星命合凶
輕主驚惶重灾殃
運至應得晚年成
落花堂前月又明
蟬聲不注喜薰風
不覺金井落梧桐
金風送暑春又回
玉景前堂子母欣
清明不改萬古留
雨洒南樓一命休

硃未
乙甫
推輪
切乙
首雕

此命八字是前生
子宮若是屬牛命
運行乙巳主破財
雨裡燈火人口痛
手藝皆是前生定
立窑燒土為活計
運行丙午主憂驚
若非災散並禍去
此命初運交逢貧窮
時來若到財旺地

父親屬馬在命宮
已后恩光三代封
災殃禍患一齊來
吉少凶多字八該
終日忙忙勞苦中
打尾燒磚造大功
災禍重重有救星
除非交到午字中
行至牛年主大通
末運定該有餘糧

正兩刑谷

驢一
妻耳
向商
建綿
香草

運至丁未事未通
望喜得喜消得未
鴻雁嘹嘹無奈何
兄弟六个有帶破
命宮見女本來稀
鵪鶉一窩雞蛋子
命主此年大不祥
許久驚恐無其奈
金風擺柳綻前芽
養育父母天甚重

口舌殃灾福不亨
已年自與陰永無憂
百年未趁見元和
秋後有粮食又多
合主冥蛉壓子奇
誰知裡面有鴨兒
疾痛灾殃不離床
讓祭方能保吉祥
竹稍影裡筍生發
生辰三月二十八

覽視

成好

寧陌

東石

陰寅

元本日是秋時生
此命入寧是前生
還牛逢丑必主發
子宮若是爲牛命

黃菊未放正茂陰
陶淵未賞香先引
運入金火不久長
六十七歲難逃過
運行丙午命不通
災殃是非一齊降
胎元合數定先天
命合金水二子命

元辰亦通順
世父親爲再在命宮
敦是父月和二生
已原后是光卫代封

雁過南樓見鋪東
正是九月初一生
昔日孔子也絕粮
一抹巫山夢黃梁
失物破財未為病
軟弓難射中紅心
五行東就犯魁端
如此方得保安全

丑初刻九分

點錫
寶龍
袍炭
肆肆
零灰

運行乙丁命難通
望喜得喜必來至
鴻雁嘹嘹勿奈何
兄弟五个有帶破
男女宮中罕稀火
嶋胞一窩雞蛋子
運行戊申才不安
若要平穩大吉利
棠棣花開不遇時
其中有个将帶破个

口舌災殃福迍不亨
自此以后自然興
有年未得見陽和
秋有餘粮食又多
合主实蛉壓子哥
誰知此中有鴨見
人口疾病正來纏
申字管事得安然
兄弟兦个各自飛
方許倲蒼自各依

永疾

果勝

倫姐

鷩途

太年

今爭歲諸(事)多不遂　皆因灾星作起殃

若無官連私債累　猶恐小口不安康

榴花堂前炎夏天　孤雁一隻降人间

生辰四月二十八　満门福氣自然添

合你四柱該有福　斐親不覺遇秋臨

正是又月初八日　已育父毋(見)元辰見

平生大限大幾年　六十八歲定知难

臨岸走馬收韁晚　一夢南柯再不還

大運庚子主吉祥　神造逢之大榮昌

十年順利多通太　不比往運一樣同

巳初刻十分

流亮
灯耑
尾寒
俔春
天色

壬午之後下水般
交入丙戌轉通利
運行丁未休貪財
軟弓难射中紅心
此命幼年主你富
杀馬到此才旺地
子嗣宮中注先天
金火相生方成器
雲開見日逢成期
要四五月六月到

刀兵水火有驚險
貴人扶持喜更天
灾殃禍患一齊来
若不禳祭凶必勉
運到中年有吉星
晚年定知有餘粮
木土見男主平安
不然見生徃徒然
貴人提引祿自来
喜色榮耀杀重歸

色深
廣炭
益已
孚生
搆定

一生之皆事前定
原來硝土為活計
命中手藝皆前定
一世生来忙不住
大運行宮到乙酉
上半運中雖难遇
江邊鴻雁南北飛
兄弟八个消遥在
春老一枝花正發
妻宮有二方見子

算来你命會弄錢
賣與匠人廣得才
燒磚弄磚自成功
一世火内可興隆
口舌灾殃不斷頭
下五年来不須憂
整理田園來復西
内有帯破可為奇
蘭房雙傍可生芽
恰是桃枯再開花

正＿刻＿分

崇宮
嶙急
甲壓
襲倦
秀言

此歲行年不亨通
就中福德藏中勝
梅花歲寒堂前景
新春已過初過至
運行甲辰主身灾
古鏡不磨成鉄片
暑去秋來是景天
身生七月十四日
金風吹動雁南樓
生辰九月十九日

君家自立見親功
子孫必定有不成
松栢青春容見高
四月初四長根苗
禍患重重莫貪財
若不禳祭福不来
青松翠竹画堂前
子孫分身各自安
菊花開放正新秋
桂子芬芳怡丑周

行禁

越福

璽伯

吻高

示別

八字生來寿年高
六十九歲生录盡
運行戊申禍患生
夜间失物人口病
手藝忙忙自得時
衣祿天然四方取
吻高天然從天降
琉璃花樣人皆羡
大運庚午戊事不然
時來只等戊字到

大限逢之更难逃
一夢陽台到黃郊
口舌是非又相爭
君家祿祭得安寧
打就尾中堂中灵
此命原來會燒磚
做成威風手内生
美悪形像見君心
闲是闲非心自閑
方顯净下榮五年

正刻吝

秋涼
免晋
普夫
闲地
覘候

空中鴻雁望瀟湘
海鳥只想雲鶴伴
四住行宮犯傷官
合當妆一外姓子
桂枝堂前玉土香
生辰五月初四日
数定你[illegible]何時降
若遇丑年猪位上
金風吹動菊花香
生辰九月初七日

兄弟九个自成行
内有带破在其中
幼年必主子不安
養就冥蛉送晚年
蟠桃菓熟更青黄
明日端陽午艾强
新秋七月二十中
父母元辰子見天
画堂景前中物天
玉露生香自然安

雷情　卷安　瓦盆　屋崇　全天

流年計都在命宮
寒江釣罷渾無力
財帛难求润用意
運行已酉中平日
手藝生來有何能
数定你是何生理
命中主定事連綿
上世定你該如此
大運行來到戊子
数定此運多安樂

目看七十白髮翁
回首斜陽一夢中
回心祼祭福自生
此年口舌又相爭
此命非為今世中
每日燒窑做瓦盆
口舌是非在门前
难逃生氣心不安
福祿榮華盡皆通
不比上運一樣通同

正刻三分

初殷　郎欣　山更　從值　中已

君家初年衣禄足
四柱合是天造化
前定兒郎今世孫
金命亦可無魁害
父命原是屬馬人
先天推造已注定
水土和泥尾做成
百家高樓人皆用
運行辛亥祿重添
耐煩日在亥中取

此命到老却無財
淡薄亦是命中該
水火二命數主宜
別命定主寿不齊
此理神數定得真
子宮必是屬龍人
燒磚燒瓦磷燒盆
生理常常在火中
曾知辛字不相閑
晚景興隆到百年

夜月
舉免
宅喜
維和
空處

君家兄弟有十个
命中合主有带破
男女宫中只細詳
雖然命中而三个
此命数造大吉昌
宅舍不整难大吉
時當仲夏暑更逢
生辰五月初十日
運合命齊寿主榮
又月二十八日生

霜降遮天只應聲
徃来嶺外着青松
児子不缺晚年強
結局必主得一婁
運限必主盖新房
不然必主有灾殃
百年芬芳花有紅
晚年子毋数無更
撥雲見日又重明
喜事臨门百事成

四刻罗

安恐
远闲
鎮白
為半
中榮

金風吹動透梧桐
生辰九月二十一
欲向生辰壽說日
壽到七十一歲上
運行庚戌主身灾
君家根祭可回改
命中八字前生定
問君生來何手藝
君家初年多辛苦
合主財來不久聚

菊花開放似黄金
桂子堂前見元辰
松栢歲寒望親春
一枕黄梁夢歸陰
破財口舌禍患來
花開更有雨重明
今年原來主清平
功妙原在木匠中
運至中年漸〻榮
晚年末運又主窮

明任　土倒　祥光　参启　寅空

今歲行事〻無成　還該主你有救星
勸君清净且守分　不聽閑言必受刑
此命算你定添財　望喜會高又趂心
堂上定主先尅父　衣录天賜滿福门
秋來有雁成羣飛　兄弟十畫有潭溪
内中原來有帯破　大限來時分東西
命中初年子見逢　晚年立子大啼喋
男女宮中有幾个　此命原有三个郎
人生天地数主宜　恩養慈母是婁親
父親已定先改去　親母長生寿主高

巳刻五分

雁白
虹見
晚鐘
必賴
信焰

一枝桃花滿樹紅
同胞兄弟乾坤位
仲秋暮景黃葉飃
生辰八月初二日
平生大限有幾年
臨岸走馬收韁晚
運行辛亥主破才
莫聽是非風過耳
敬佛向道行善心
若能一此為生計

五月十六是生辰
晚年一家慶吉星
棠棣花開子母焦
豈期父母見根當
七十二歲哭嚎天
一夢南柯永不還
災殃禍患口舌臨
禳祭災去福可寧
造就清香可獻神
結交遠近好善人

晚宴　情通　迂君　安侣　忍耐

初年辛苦命不周　八字衣录有缺欠
晚景時录終須好　一世奔波末主榮
君家造就主鉀服　可用粮醋裡頭埋
此藝青銅君合做　一生劳禄費心懷
平生八字在命宫　清閑時節百花香
慈母已定先尅去　福录相生寿百今
秋風雁過十二行　月照高楼人醉香
内中兄弟有帯破　方保彼此不刑傷
丙戌運中火中安　還有凶星在内藏
三六七月忍讓過　小心才物無禍殃

正刻六分

吊自
要明
喝陷
並土
外出

春到庭前花正香
數定四子多靈偏（便）
翠竹青松長嫩枝
金命兒郎閏月生
遊走經商客旅多
養子種田不得濟
青松桂植景色香
堂上父母先赴去
命居驛馬由天定
此係神數已算定

隻隻紅雁望瀟湘
內有帶破福榮昌
先天主定不差移
火土相生得堅勞
天定趕驢去（羅）駝腳
每日忙走出奔波
英（鶯）飛燕語正豔陽
一世福祿在命強
合該四海作生涯
果然命由不由人

孤陰

白生

清盡

廻向

多佛

金風吹動雁南樓
慈母先刑嚴父白
雙親原命主先天
父命已定先尅去
亥運之中定主安难
縱有災逆吉星扶
黃菊向放正茂隆
堂上慈母先尅去
此命格局多虧損
先天數內安排定

画堂青迫景色天
玉露生香自然安
遊水歸東如積山
母親受命得安然
成敗之中事流通
勸君時下莫熬煎
雁過南樓見瀟湘
晚景自有福來臨
堂上椿萱尅父親
不免洒淚泪滿襟

正刻七分

兌淡
女土
男金
禽祖
須帶

五行四柱定先天
母親生年春常在
先天定命不虛傳
堂上椿萱尅母去
帶雨桃花正逢春
清風明月乾坤位
四柱刑冲主運綿
先天定就先尅母
三子爭乃不成雙
海鳥只想云鶴伴

父母宮中寿不全
父親早已到陰先
風吹萬物景色新
惟有葵花向日鮮
堂上已定尅父親
楊柳梅花歲月深
堂上合主母不安
晚景福录又重欣
又比鴻雁飛過江
可喜折桂又瑶璋

官宅
凌霄
青也
代丙
龍天

鴻雁宮中望瀟湘　南北分飛思故鄉
兄弟相交共四个　家道獨立有餘粮
雖然空中鴻雁無　子規一个不成雙
終須滿堂金玉貴　争奈美景有餘香
長空雁過立江濱　草木森森仁義存
昆仲兄弟有五个　門庭改換出高人
江邊鴻雁分南北　整理田園東復西
具郎四个直送在　運至之時真可喜
秋風鴻雁過瀟湘　兩排空中思故鄉
兄弟六个争春景　各主榮華足衣粮

正刻八分

玉壺
潢天
方上
寒生
雲雲

六个男兒望南還
一家骨肉多和順
子宮兩个雁南飛
多火青山依然在
雁過空中自應鳴
鶯語燕聲成雙對
春秋有雁成羣飛
鴻雁斜西天外涵
和風鴻雁飛過鳴
兄弟二个爭先後

南北分飛思故鄉
清風明月定太康
霜降遮天只應聲
往來嶺外受青松
昆玉三个兄弟人
蘆花深處自生香
五个男兒海外歸
一輪明月自生輝
空中風急外各應聲
往來嶺外受青松

雲入
丙昴
軫乙
消亂
喜用

雖然鴻雁空中無　孤身一个望高強
已向滿堂金玉貴　一枝梅影有餘香
日落西山照東樓　冷落寒窗到白頭
子宮数定水土中　火木相生不久留
日生東海又轉西　人生七十古来(希)西
子宮数定水金人　火土相生旺家吉
丙戌宮中有吉星　虛驚之中不成凶
交入節後方得地　長大成人有后成
鴻鸞天喜在流年　更有喜事滿门庭
四五八九月內看　好事重〻喜無邊

巳刻九分

詳明

喜自

用辭

女工

全德

數合先天丙戌年
喜事更有貴人提
龍虎二榜把名揚
台運必陞府尹職
雞年憂愁在靈鷲
吉在十一五七月
數定八字犯刑傷
母親若不歸天去
太歲四季吉星照
春憂夏憂隨方過去

五六七九臘月內
福星照臨無禍端
降綬縣令榮其身
至老布政歸故園
喜氣迎門丙戌逢
孟季之中喜又生
合主堂上母不寧
難免己身不遭刑
用舍行藏不費功
秋冬喜氣又相生

儀鑾 臣午 王明 孤陰 畫性

生辰八字在命宮
降生正是十月天
壬午運中分吉凶
若行下五年間運
兩朶梨花雙雙秀
人生有命雙妻分
八字生來犯刑沖
慈母已定刑先去
命中八字生來硬
年幼若不折夭死

也主榮華也主愁
初三生辰百祿臻
上五年來財祿豐
浪裡行船主一驚
恰是桃花正逢春
當知萱堂前夜月明
堂上母親主不安
方能亨通日日新
自己身中命有傷
過門重拜兩爹娘

正二刻十分

乾宜福祿二文廣淡可說

戊子大運兩相爭
子字行來事不順
庚子運中管十年
子字到來多不順
陰陽先定今生事
繼母必是屬蛇命
運行壬子喜氣新
下五年來多蹇滯
大運行入到丁亥
交入下五災禍到

戊土運逢財祿豐
交過下五主元亨
庚金遇之祿財添
命中運同別宮轉
生母必定早先亡
一家相守到不妨
壬運逢之喜臨門
災星若退過子運
丁運逢之祿自殃
轉過亥宮永無災

美終
我天
三方
流吉
成人

大運行辛亥不可當
交入亥字多不美
先天神數推命宮
堂上双親全有相
五百年前安排定
欲知双親何屬相
癸亥大運喜相連
災殃禍患逢亥運
堂上爹娘何納音
父母自然亨通歲

辛運之中大吉祥
災禍重重事難良
此命之內定逢（分）明
父是金相火母親
乾坤交泰百年榮
父木母火大亨通
初交癸字喜更添
雲收霧散過五年
乾坤相交八卦成
父水母火五行臨

正二刻一分

元斗
甲辛
同己
丙戊
再生

君問乙亥運中臨
乙木逢之安樂過
三元數定安排就
算你幼年多成敗
己亥運中事未明
巳字行來多快樂
定你一世好風流
推你雖是僧道命
八字生人主太奇
若推美惡前生定

上下吉凶各自分
亥水禍患來相侵
推你臨老三个徒
晚景發福財自旺
上五下五兩不同
亥水相逢不定寧
露水夫妻常常有
晚景之間有餘榮
子息宮中一鳳棲
東海洋洋月正殺

我地
我親
戊臨
延光
輝首

八卦五行安排定　双親納音也可明
父母同是南方火　火旺生財丙丁宮
八字生來皆天定　五百年前算旧人
父母堂上榮發至　父土母火旺家门
運行戊午到命宮　戊運事々旺興隆
午火之中多蹇滯　過此方得保安寧
大運行來到丁卯　幹事來謀漸々好
家中之事多吉慶　出入有喜多財寶
大運交入到庚午　庚字財旺無移阻
交入午字是非至　轉過此運添財祿

正二刻二分

柄吉
方可
五向
火木
陸勾

大運丙午財祿豐
下五年來是非至
仕途有分料無緣
納粟改做守備事
甲午大運丙雲行
午字之中多禍患
數到此亥先推父
此事先天真妙法
子息宮中有定分
非是強求可以得

丙字運行主安寧
雲應日月不見明
四柱合定命有宮
晚景福祿財自安
上五來年主元亨
若過下五是月明
戌年局狗不差爭
天地五音早推何（尋）
六爻梅花天邊送
前生造就無洞向

琢磨

先天之數不虛言
良工良匠難堪比
定你琢玉遂心懷
真是近悅遠者來

邵夫子先天神數　土部

吊自

催玉

境界

庚子

元乎

春至人间花自香
晚年四子天定就
八字先天壽延長
春晴杜宇鳴窗外
生當五月喜氣臨
已育父母生臨候
運行壬子幹事成
君不祈祭求符鎮
金風吹動透梧桐
生辰八月初九日

隻々鴻雁望瀟湘
内有帯破富榮昌
松老花綻遇嚴霜
八十一歲憂黃梁
二十八日是元辰
一世榮華福自臻
只有心神大不寧
凶至災臨禍又侵
黃葉分飛半虛空
子母相逢數無窮

丙一刻

安稷

張刻

星搖

帶裔

損傷

衣食命中自然深
你今生來作瓦匠
此命行年八十一
禍事口舌都莫論
前生八字你有緣
向君修來仙職分
子息宮中幾子成
此身雖然有帶破
桃花柳絮亂霏提
空中鴻雁折其伴

手藝高強自終身
定你衣食四方尋
太歲當頭灾可擬
猶恐肖君暗裏提
道教綱常長威權
独掌黄庭道教官
牡丹枝上一元紅
却是富郎財主翁
燕語鶯聲主魁離
少年佳人哭夫悲

魁首　左希　百輌　胎持　常用

姊妹行中你為長
女命若是時刻正
結子不知花燗熳
生辰二十三年整
之子于归百輌光
千秋好合姻緣美
天府生平有壽元
轉輪日月陰德厚
遥望空中宵雁鴻
兄弟内中有帶破

父金母水配夗央
土命夫主水命郎
丹桂芬芳四月天
筵開天井一時鮮
十歲之中序凰鸞
百事和諧喜氣揚
已度八十二芳年
日落西沉命洵天
飛来五子各争鳴
貧富不均一樹生

初二刻

更舊
魁醜
軫古
文花
來寒

葵花綻蕊半夏中
傳家借(佳)景值元命
運行癸丑主不祥
破財又兼人口病
暮景中秋月正圓
生辰八月十五日
亥時察来性喜純
木命夫主金命子
運至行年八十二
君家祭星方可保

造就六月初四生
一世榮華在命宮
官灾口舌最難防
急急燒香祭上蒼
金風動(吹)雁南ㄉ還
人窺玉兔月中天
父母木土是元音
不合此刻定然刑
此歲身边禍灾来
不然口舌破財連

免武

皮子

感漢

之子

紡獨

八字生來望命臨
衣祿富足財帛有
天然造化子息宮
內有一個有帶破
独枕寒衾卧綉床
前世姻緣今生造
白璧藍田羨芬芳
紅綠綉慎千秋允
四柱推你有刑傷
若是母在你難保

出家離母道沙门
朝礼玉帝念天尊
雁過長江两個鳴
五福臨门富貴春
少年尅夫早刑傷
一生燒過斷頭香
十一之年配鸞凰
魚水芸蘭显榮光
命中算你母先亡
尅去母親你命長

酉三刻

宰制
逞通
慎言
喜秋
搭露

雨后桃花朵朵紅
生辰三月二十三
欲向你命幾時生
前生八字今生有
時正刻真算伯明
夫主水命不相尅
暑后白露月當秋
生辰八月二十一
運行若到七十三
官事口舌常常有

青枝綠葉正崢嶸
百草芳菲自太平
六月初十數無更
父母堂上喜自成
父母土火是生辰
金水水命不生刑
落葉飄飄水東流
紅葉金風過霄樓
此歲逢逢有灾愆
急須祈祭告蒼天

竭尽
埋没
金延
中演
于歸

天麻半夏長麥冬
人參四月初五日
乾坤交(否)太定南(先)丹(天)
增上壽域丹台老
此命六月十六日
幸得乾坤同一再
運行甲寅主憂驚
破財相爭禍事臨
姻緣〻分有早遲
十二〻年千秋好

甘草南星喜茯苓
知母丹佳肉蓯蓉
元辰正逢又十三
回首逍遙夢中(九)天
菜楊枝上子規啼
凤先喜處見双親
此病須知有救星
燒香祭謝告神明
婚姻大礼莫强樓
芝蘭永茂更無疑

初刻四分

横袍 文元 孤[忄帝] 東也 無色

自幼生來命主破
黃庭清靜為松伴
園內嚴景遇新春
生來三子天恩重
莫怨姻緣天錯配
泪滴重〻乾又湿
甲逢巳字合生胎
常怀中正得人心
四柱八字有福來
晚來福祿崢嶸厚

出家離母歸道心
口內日念諸經文
花柳垂青連枝分
內有帶破一枝真
綢(細)推此命堪蹉跎
早魁夫主受折磨
富貴榮華從天降
必遇貴人提携上
你命定主旺血才
天道豈肯辜善心

安在
自立
天玄
将合
鄉期

月出東方憲自明
生辰三月二十九
時值中秋白露天
生辰八月二十乂
行年運至乂十四
官事口舌疾病生
百年〻事莫相疑
十三〻年白壁種
命主長空寿算棗
衰草不堪遭霜霧

暮景堂前雁南声
丹桂森〻子成名
丹桂辟雁過南軒
堂上賓鴻子的安
此際正逢災星來
急急狼破方無凶
天定良緣人豈知
千秋將合永相棲
回首巫山一場空
乂十四歲录尽終

初初刻吞

盍印　念占　逢有　逢肖　芝蘭

大運之年到乙卯
口舌不安主破財
菊花向放自然香
命宮生辰几月几
演星神數不容情
若見別宮難存住
庭前春至花更香
遠天嘹喨鳴几子
萬載良緣天定之
十四之年魚水好

此歲災殃禍不輕
君當守舊方无凶
人生喜氣好高強
正是重陽喜無疆
見郎土木的安寧
昆中金水自相生
淒淒鴻雁望瀟湘
內有帶破富榮昌
千秋好合人豈知
芝蘭允茂可相棲

改室
許美
好奇
先計
綉幙

夫婦諧和如水魚
少年尅子妻先去
氣化推遷命不齊
命中定你是繼母
欲知你命合旧生
生辰四月二十九
極目園林北向西
生辰六月二十二
魚水芸蘭允相合
十六之年姻緣永

茫茫理數甚难窺
天壽無期似顏回
萱堂慈母命天奇
幼年难免淚悽悽
先天數内定分明
蓮魚相配荷佳辰
杏花深處燕鶯啼
暑氣炎炎逢此時
千秋百世自逢榮
天作之合慶無窮

初初刻六分

永布　地黃　西振　滿歌　真道

命犯血仞最當难
黑頭陰人來作害
運至流年又十五
官事口舌漸〻起
運至丙辰災禍臨
海內蛟龍思入海
几度壽年春如夢
秋后梧桐黃葉落
八字聰明有清福
講誦諸品真經卷

未得沐浴去進香
不日洞中一命傷
災禍臨身命難圖
除非祭破主安寧
口舌是非有救星
平坡猛虎望山林
此命七十五歲亡
瀟湘魂散一場空
自幼離家入空谷
不是僧家是道屬

常有　鼓盆　天樞　害乾　竹屋

滿桃花帶樹雨開
堂上丹桂曽結子
鳳凰鳴矣喜又揪
少年妻見先尅去
運逢十年不為吉
朦眼變色氣又絕
生你辰時主不祥
必然夫親先尅去
欲问生辰是何時
几月生你二十七

東風吹定一枝來
三月十七離母胎
一對鴛鴦不到頭
美每日煩惱更悲愁
命犯廟神並狐狸
黑頭陰人撥索你
一身孤自性剛强
孤身帶奉老萱堂
金風一過是佳期
黃菊開放似金奇

初初利七合

玉功
彼義
品類
宇宙
主良

衣祿庄農和為本
朝朝安心常在地
園園明月出雲端
生辰五月初五日
八字主定更無差
元辰算定明白載
運至行年七十六
若是禄祭效孔明
命遇凶星最難當
此數先天已定就

此是世上第一途
雖是辛苦樂無憂
松栢青青在遠山
端陽佳節萬家歡
生辰六月二十八
一世清閒人人誇
定有災殃心難受
此星回轉八十二
妨妻隔戶要隄防
造化生成與無疆

光袖

頭西

后翔（翔）

帰出

繼所

命主壽录在九天　行年七十六宗间

黄鳥杜鵑啼野外　录尽衣絶喪九泉

運行丁巳亥事臨　望喜求財未趂心

古竟不磨成鉄片　軟弓难射心中紅

鴻雁空中望瀟湘　分飛南北思故鄉

兄弟七个居居五　各自興家自各炊

八字斷定可修行　發願出家离门廷

衣食常常回方有　投師拜友道门中

一枕夫兇不成双　驚散鴛离命不長

少年妻宫先亡去　從新依旧再續緍

丙丙列八合

来興　草在　錦復　喊呼　成年

八字原来主先天
兄弟五人你居五
数中定你尅父親
此命父親不相尅
大運禄馬定髙燥
暮鼓一声人寂静
孟秋桐葉正芳菲
柳外蝉声嘹乱噪
運至戊午主破財
雨中花好開又謝

鴻雁行中不一般
各自家業任意安
命犯孤鸞保自身
自巳难免見眉启
壽至七十七歲傷
馬到天津染黄梁
七月初四生其迹
慈母生身喜孜孜
隄防官事口舌来
一塲灾禍見心怀

功勘
珠悟
机策
再毯
變樣

滿园桃李白青紅　一樹花開結子成
生辰五月十一日　画堂更比往年豊
照居流年无阻避　先天數定七十八
增上录壽多丹老　南柯一夢卧黄沙
運行巳未不可當　官灾口舌主驚慌
凶事破財人口病　正當祭破免灾殃
東風吹定鵝毛片　黄道花開人未開
但看七月初十日　子母相逢始分身
金風定尽朔風天　生辰喜氣又安然
寒風吹落枝还在　生你十月是初三

初初刻九分

定寒　日月　遭麻　星辭　南飛

推你手段有奇能
楼台房舍並殿閣
運至行年七十八
若非君身積德厚
先天數內定的真
總有兄弟却亡去
自幼出家父母离
心中懶念諸經卷
子息宮中有名陽
兄弟內中有帶破

百般武藝在心中
水上泥尾究自成
橫禍飛灾乱如麻
几々一命染黃泉
昆中弟兄几枝分
八字定就該孤身
先天數算豈有訛
久后还俗配鵝嬌
暮景堂前八个鳴
富貴與衰命主煩

吹巽　聚義　珠琨　米永　脩依

先天數內定八卦
兄弟八人君居五
東籬嫩菊似黃金
一場雨露從天降
運至行年七十七
若去求財不趂心
命中生你便無差
口中經卷常々念
自幼生來難靠人
貴人是喜小人惱

回双鴻雁同隻親
各枝立業掌家门
孟秋顏色未均勻
几月十五生你身
此年必主有灾疾
更防禍患口舌生
半路一心要出家
道衣羽巾徒弟誇
有親恰是無親人
早晚成敗自立身

初初刹去

有勿
兩冲
碾良
先唐
魚水

暮景推算子息宮
命中定你生七子
八字定你兩樣人
大小〻分不可挪
先天數定子息宮
內中有个帶破身
乙逢庚旺是奇哉
若的五行能尅限
天宮即緣百世諧
十五〻年迎喜親

几声蟬噪送秋風
內有帶破更長生
双妻房內笑欣〻
彼此言語敬如賓
兄弟六人不一同
方显榮登各争榮
遇此應為廊廟才
常存仁義列三台
萬載〻中自無差
天作〻合更可佳

并肩 象裔 炳華 濃寧 寅宇

男女宫中喜氣中除
生子一男共一女
先天神数算的真
内主一位有帶破
丙合辛生非是賤
不是黄閣並公卿
朔風凜々透几天
丙日丑時是珪璋
瑞雪風凍滿山川
增上延令七十九

同胞一母成得双
双々生来保吉祥
父母生下十一人
原来此刻申一秀生
軒昂各器真堪羡
鎮守成权能改变
一枕黄粱夢几泉
蟾宫折桂两重光
富貴榮華天所付
運至雷鳴達帝鄉

正刻一分

庚東
兑乾
象离
重陽
夲玉

大運行年到庚申
君可禳祭方改回
道教原來常清静
師徒猶如親子弟
風定桃花甚海棠
内中該有一帶破
此命喜氣有陰德
同年一月生二子
丁與壬合天病多
男因酒色須傾夫

此年災禍必然侵
災病無妨有帶春
南華終日誦經卷 诵
踏罡走斗常習定
兄弟九个自成双
久后興家有餘粮
注定見即一齊来
兄弟同折桂枝香
陰孤陽盛必淫訛
女為私情内亂多

惡曜
安承
辰宿
般管
鳴魁

運至行年七十九　此歲災禍必定有
君家祭破方為妙　家门禍去福星守
丙日寅時魁星見　富貴双全喜氣生、
蟾宮待步先折桂　此歲災殃必定有
行年運至方八十　家门福來禍自走
君宜很祭破斗星　滿園甘草長蓯蓉
桃花開放映日紅　堂前丹桂百年榮
生辰四月十一日　五福迎门至九重、
丙日戌時福滿门　扳蟾折桂是貴人
天道五行生瑞氣　異日登榜受皇恩

四刻二分

豆房
丙語
許卷
辛酉
分芽

初秋天氣如松柏
生辰七月十六日
寒風吹動菊凋零
生辰九月二十五
天地生辰命延齡
壽推八十難朵避
運行辛酉疾病生
幾番禍亂危百解
朔風凜凜立新冬
生辰正逢下元節

窗前花放引蝴蝶
秋風結子結宗葉
霜降松柏竹正青
子母双全晚歲成
松柏耐寒竹葉青
光陰一變日西沉
口舌官事一陣風
癸破安寧福自生
正是十月十五生
天清晈皎月正[illegible]明

馬泉　火陵　正金　紅綵　道室

欲向君身何日生
時刻四柱當較定
時逢仲夏四月天
生辰五月十七日
危砌磚堦客房金
高楼大厦並台閣
綠楊冉冉羨芬芳
十有七歲鸞交鳳
頭頂黃金七星冠
口念黃庭並道得

七月二十二日中
已肖坤宮母自行
綠楊枝上子規還
父母生身是此向
壘墻泥補最高堆
精名手藝不尋常
白璧良緣從細詳
千秋好合見祥光
身被法衣三清前
合手天尊是天緣

正一刻三分

日東
未褥
陰胚
誠然
醉青

丙日卯時占高魁
富貴榮華人皆羨
看你前生幾个郎
內有一子帶破有
八字前生算不差
一母同胞生二女
推算你命壽延長
父母相配同年老
葵花初綻是幾時
傍花隨柳過前川

滿门朱紫一声雷
蟾宫折桂錦衣归
雁行十子非尋常
兄弟聯芳姓名香
屢結善緣誠可誇
並枝二朵好奇花
乾坤交泰定家那邦
養子須當入黌宮
生辰四月十七日
父母安康家道齊

凌老
秋景
同中
撫后
前数

暮景前堂喜氣加　寒蟬悲栁度年華
此時生降吾寧日　正是七月二十八
一天雨露重陽景　黄菊開定滿園香
雁過南楼秋景暮春　生辰九月是初三
丙日申時進魁光元　日主榮華丹桂援扳
富貴一定青雲路　時至擬定錦衣還
先天注定魁子身　撫養子孫度時春
滿腹甘苦对誰訴　皓首蹉嘆自傷心
你造生逢刑剋多　刑妻剋子受蹉跎
后妻帯子前造定　餘年享壽日安康

三刻四分

秋暑　光天　遠茂　任成　本正

運至行年八十三
君當祭星可囬改
丙日酉時受天恩
龍至蒼海能變動
注定你命壽延長
萱堂比父年紀少
運行壬戌主灾星
若向灾清並禍散
丙日未時下天宮
庄田財帛處〻有

此歲錢財不可貪
若不如此命難安
圭璋枝折望龍門
富貴功名近紫宸
父命病木能治家
后代子孫享榮華
一塲禍事風裡燈
必須禳祭保安康寧
萬里頭上顯英雄
后日必定受皇恩

果言
令尸
百女
已叟
清安

先天数算定有福　椿親水命定不差
慈母必定小幾歲　你命絕得享福祿
造就人生父母宮　火命嚴君活得成
堂上慈母小二歲　一家方得大興旺人
乾坤造定父母宮　叟親生下留后人
父是西方庚辛金下句　母生中陽戊己土上句
此時兄弟齊生降　共母同胞一時旺
雖然一時先落果　此你為哥方家望
五刑合註犯孤刑　早與父母不同宮
先天定就祖恩重　心存仁義孝無窮

巳刻五分

巳進
弄尾
拱極
象失
土向

清風明月冬初景
生辰十月是初九
時當勝景熱炎天
若向生辰是何日
只因嫁娶犯紅沙
手掌諸班偏生氣
暮景堂前春色天
生辰八月初四日
運至行年八十四
君當急速效孔明

綠水青山映日紅
須知寒蛩午後鳴
斗轉星橫在雲間
原來五月二十三
此命定主懸樑煞
少年陰人來攙雜
暑往寒來雁南還
后運福祿享平安
此歲多主有災殃
祭奠星斗禍無方

晚鐘　閑元　雲軒　十四　癸開

筭紀天年定主高
八十四歲光陰苒
丙日辦時祿進全
明倫選拔初年定
八字筭得壽元高
前生注定难逃数
雙親生下你人成
父母年同一樣相
行年癸亥主驚慌
將花開放燈外雪

齡延之年定难逃
回首一夢九重霄
功名富貴不可言
一舉成名四海傳
八十三上衣祿少
南柯一夢到陰橋
四海之內早揚名
中陽戌巳土命人
一塲災禍如雷霜
君若裉災可無妨

四一刻六分

炳道　南玉　胜羊　朝拱　叅育

丙日子時步蟾宫
乘雲飛上青霄路
八字前生命不移
積慶流芳十二个
南方丙丁屬火人
母親不知何屬相
推筭你命壽元高
若是慈母年紀少
見女前生分壬辰
一日分娩生在世

金玉滿堂更受封
一响雷鳴至九重
見郎宫中早先知
內有帶破一人推
此年正是父生辰
戊巳土胜是母親
父命元該屬水将
子孫定主金木妙
一母同胞生三人
大小先后定時辰

成癸
世神
萬鍾
天喜
全眞

癸亥化火二烟眞
不守祖業並家田
丙日巳時喜重光
福祿悠久三汲浪
丙日午時雲遮天
富貴榮華迎门旺
五隻鴻雁望天涯
数筭此命該居五
乾坤造定父母宫
父是東方甲乙木

兄弟無情立自身
異鄉人見可建庭
獨步蟾宫折桂香
息受富貴福無彊
紫氣轟雷世门稀
身名四海再重瞻
兄弟十人眞可誇
定有超羣改旧家
先降人间立自身
中陽旺土是母親

巳一刻七分

安居寅月言通要曜氣象

数定合主外招財
運行旺地自生利
先天数定在命宫
兄弟〻中你居五
大運交到庚子臨
不是生氣就煩惱
運行流年七十九
若要寛心得順利
此命先天数定真
兄弟几位君居五

一生衣禄自逍遥
亨受絶業樂陶〻
手足原来有六丁
各人立志家道成
命中逢〻多不順
数推女命定無移
究狹禍事必定有
急須根祭可回首
天邊鴻望雁涯濱
内有英華志氣人

立身　元宣　宜善　仲冬　宗佑

三限須還一限好
族産絕業合該受
八卦先天定居家
魁陷父母承他業
五刑行数定魁六親
自承祖母恩親重
人生旺他福臨门
父在北方壬癸水
命裡子嗣未既刑
雖然姪児来接續

早歲操持事未成
不然外財一豐盈
異姓媒姈数不差
柳梢枝上結桃芽
刑祖刑父刑母親
柳葉桃根歲月深
招財利市自逍遥
戊巳生土母陶々
養取媒姈送归終
亦有堂前拜孝人

四刻八分

可至
弍善
三千
五名
必就

数定数四柱犯孤陽
子宮見郎終須有
配定姻緣寔可傷
初年見子有長久
祖宗功德父縉紳
生成富貴安樂境
命裡妻妾前已定
生子還的妻屬兎
五刑註定重妻妾
長子生成。妻屬兔

妻宮正副二三房
屬鼠妻見生長郎
空名好花菓不成
屬牛妻見子見娘
庭滿書架庫積銀
子授父官顯身榮
人生有子萬事休
生見長男始無憂
好工用盡子不結
方得長命無天折

一曰
光令
合成
二成
大集

人生稟命天地間　妻宮緣分豈偶然
男兒立在何妻位　屬龍主人育長男
一妻一妾自留（古）　重配夫妃是前修
蛇命主該人生子　長男存立次無憂
妻妾重配兩三房　正副分明有光和
屬馬子妻生長子　以后嗣續又認娘
妻宮疊配正副房　兒郎立在羊命娘
屬羊佳人生長子　丹桂晚榮足衣糧
運行甲子不為高　災病纏身定不擾
夫君若不破財事　口舌是非定來招

正刻九分

及古 定天 白虎 豈偶 賴佑

妻妾相配列成行
生子（夫人）屬（候）命□□□
配定姻緣眞堪惜
欲知子息出何相
運交壬子十年中
此運之中眞個美
人生姻緣非等閑
屬狗主人生長子
妻妾之之分非尋常
欲知兒郎何生相

內外和諧家道昌
以后方的保安康
空名花好菓不成
屬鷄佳人主見娘
家道吉祥福氣生
無灾無难自亨通
妻妾配合豈偶然
嗣後方得永團圓
產育男息始無妨
屬猪佳人逞雄惟

天定
白壁
土水

一十

雲飛鳳舞自東升　仕路之途信有緣
筭居身居外衛職　亦是八卦数定宗
十八之年小登科　紅鸞天喜笑哈哈
良緣永結芬芳好　繞砌芝蘭又見多
人生由命不由人　此刻生辰数定真
知你父親是馬相　方知玄妙是前生
先天之數是天樞　算你母是屬猴人
此是三元前已定　一物逃朵不為功
数合陰陽是天囙　此刻生人各異推
你母双生男共女　你命晚景財余手

正二刻十分

火水 藍田 種玉 千秋

五百前数早知年
定你父親是屬鼠
繞砌芝蘭承露闺
良緣永結千秋好
詩吟杜甫其三句
紅縧秀幔千年合
二十一歲序娟忙
怀交玉液非鸚鵡

如生445刻最难ㄌ救
方知八卦堪玄機
凌霄松栢得多天
十九之年小登科
樂奏周南第一章
弱冠之年序鸞凰
千秋好合百年芳
樂奏周南引鳳凰

永結

花燭光照稱二妙
二十有三題鳳帖

鸞凰彩炫艷三春
錦箋致達擲龍门

天定

二十二歲交鸞鳳
玉筍玉簪照玉貌

乾坤定矣永芬芳
D 紅系紅葉閨紅粧

正一刻一分

可求

大雅

周南

二十四香分丹桂
千秋好關雎起化
鹿鳴初薦天仙客
二十六年星在户
柳葉凝妝衣染綠
花燭貽光二十五

百輛光彩映紅絲
一片心麟趾傳詩
燕爾新先訂百書
藍橋先訂百年秋
梅花对鏡面舒紅
其年得遇婿乘龍

乾坤

羨朝一文承舊學　二十七彩筆熟耘

看他日揚眉北闕　念此夕坦腹東床

邵夫子先天神數　東部

皇恩
玉在
保方
残花
月缺

龍虎榜中恨無緣
明倫堂上威風顯
命值逢空是親王
四十一二恩封綬
琴瑟撥去斷膓声
妻宮还主水命子
春花数朵色鮮研
塵烟净掃潔是素
火年事業早成名
豈料中途多迍蹇

甲第先声勝拔蟾
戝小名高伴聖賢
二十年后大壯張
永享天禄福寿長
父母同是戌年生
土命閏月不能成
偶然風折一枝残
名香請爇礼諸天
准宜折桂上青雲
風缺花残風打灯

初一刻

受祀
玉葉
金馬
累仁
則路

科貴名成可面君
戚拜明倫人欣羨
一枝花開正逢春
金風吹動花纍去
可羨文郎在命宮
明倫堂上居不羨
先天造定兄弟垣
上賴宗祖培植厚
雲路功名也有無
英雄莫了平生志

全憑教訓之功深
無限俸祿可資身
青枝綠葉色鮮新
只恐交冬有繞殘
皇封歷任更興隆
自有恩榮下九重
雁行有四居第三
折桂攀蟾下九重
繞花風影水流浮
改起風雲取壯圖

孔閔

玉堂

轉輪

海秀

塵淨

蛟龍原非池中物　折桂蟾宮未登科

拔選成名恩增戩　明倫堂上老先生

太陽星滴下凡間　降為皇后德最賢

帝眷恩封加增厚　祿享千鍾到百年

今歲流年未為祥　坤造逢之有災殃

寅申巳月紅鸞照　天喜臨身反吉昌

故國喬木種得深　幼小明經未遂心

納粟做成監生事　旌表門閭耀祖宗

生來自小命多魔　命犯孤辰可奈何

須教斬却神根斷　終朝合掌念彌陀

初二刻

改圖

孤單

美麗

蒙山

演武

福

英年早已播芳声
改圖仍旧题橋志
古来红颜多薄命
而今还卦鸳鸯债
今戕流哭入限来
若得吉神救来助
熙朝王佐显三台
虽然未得中高選
胎元宫命朝宫奇
先向儒门尊孔子

功名到手却成空
蒼天未肯困英雄
事主从来不计年
纸帐梅花独自眠
女命逢之有哭哀
岂知添喜又添财
居家也得面居容
為国尽忠一樣同
格局超群數主宜
后来韬略显威儀

泛可
業巧
吉曜
好色
順子

先天數內定得真
夫妻相配金水命
道理無窮志不堅
若要功名顯宗祖
午字運中衰沖沖
須知申在酉字管
五行數內觀仔細
夫婦相配方不尅
聰明俊英顯秀氣
剛毅不屈人難比

父母土命是元因
木水子生不主刑
金懸賄賂買文元
除非納粟進就顏
喜中猶有事不通
科第先聲上几重
椿萱俱土知元因
土命木命子歸陰
無循無驕志氣高
性傲無毒任逍遙

初三刻

賢人
青编
命孤
将台
天星

君人交人羡晏平
久而能敬無毒害
灯窓事業起青编
運遭顛險成虛器
好姻缘作要姻缘
清淨六根無掛碍
數合艮卦居豐宮
孔氏家風無缘久
五行數定非尋常
太平一統江山定

此刻生人一様同
一生有禍不成凶
壮志定期奪錦还
且自帰來學種田
难調琴瑟向堂前
焚香掃地奉金仙
志慕翰墨显威風
探吴事業定料成
真龍出現配鸞凰
穩坐金鑾振帝邦

陽姑 縂纊 豐盈 青霄 绿存

先人原是龍门客
堆金積玉人难比
良馬奔程萬里馳
木命佳人水火子
癸酉福星臨震地
若無事喜来应照
此刻生人多福去
初出兩任高具宰
命中一宮居皇宮
享保萬年春天地

延及你身生基業
合受全福錦世降
父金母土事分明
不合此數定要刑
可喜紅鸞照邊方
也得才粮積滿倉
龍虎二榜喜逢之
轉步陞迁府尹戟
幽閒清淨德性真
綿綿福祉壽如山

初四刻

敬宇
辛苦
悶味
長舌
子恭

心直口快作公事
五湖四海多良友
要知父母是何宮
土妻相配得安穩
行年正當三十六
初遊泮水不得美
雄才大器是出類
英雄中道逢催折
祖上原派是縉紳
此刻生人何安樂

扳高進貴是威風
仗義疏才有声名
父水母火天造定
土火剋月子超群
今主文章入命来
高扳月桂又生来
唇強舌劍反招危
青成事業總成灰
買打粟紅錢金良
父子声名海宇聞

清閑 威星 壯士 天野 金風

安居頭頂兩探屋
重門靜掩蒼苔冷
胎命當宮格局高
韜略通達科星顯
先天數定居命宮
若然不在文章貴
若利場中顯威風
若是士人時刻正
八字生人不尋常
丹書勅下重加職

清淨堂前淨清福
窗前明月一孤輪
不慕孔氏貴門宜
志氣軒昂福祿齊
科星顯達志量高
若題武榜甚可榮
父金母水配鴛鴦
土命佳人自成行
命垣一定是娘娘
祿享千鍾福壽長

初五刻

成見 解畺 絕塵 軍塲 挫志

生逢天乙貴人星
先人翰墨流芳史
癸酉流年月上臨
坤宮之上吉星照
清淨堂前不捲簾
無是俗女非俗女
八卦合胎在巽宮
孔孟事業無心向
書史功名收拾早
熱腸一片似寒冰

继祖成業享厚榮
只子傳家有又名
艮乾二位遇灾星
震巽二月主手二
終日無事竟幽然
不是真仙卻是仙
平生志氣威武雄
操吳翰墨显功名
平生壯志一筆掃
英雄揮手赤泉老

乾斗
皇府
吾濟
氏府
計亭

日逢奎光主破才
夜間恩量驚破胆
狂風驟雨草凄〻
一枝旺相春光好
戌時生人富貴榮
地理風水龍脉旺
戌時生人武藝精
身被紫衣威武容
乙酉九〻壽延長
虎頭鼠尾秋月夜

疾病纏身正月灾
緊〻提防凶禍來
花發枝頭兩顆梯
一枝丹桂更大奇
四方衣祿更事行
相看二宅多吉凶
掌管千軍家道興
官成功升鎮邊庭
牛逢戌酉忌驚惶
莊周一夢〻黃粱

又一刻

昌太
索衣
紫霄
驗孤
在玉

八字命宫前生定
受職但看臨官位
綠衣純夫終是穩
妻宫丁卯屬兔相
子規聲聲舞西風
枝發三顆花正茂
八字生來命有官
流年若是有刑尅
戌時榮貴自騰霄
宫居州衙爲吏目

戌時生人貴可知
紫衣金帶腰下懸
野草芬芳自相依
火旺爐中有福齊
喚醒竹人歸與濃
更有折桂在蟾宫
先除鎮守做巡檢
后日官署却清閑
永享千鍾爵位高
后轉升遷名自標

袂坐
鈕又
籙竹
蒲色
通久

流年梟神在命宮
春後殘花秋末草
八字原來在命宮
子息若是屬鼠相
風吹桃花幾時有發
異途鳳雛依膝下
丑時生人正官推
青雲五徑魁一躍
丑時生人有五行
觀看二宅陰陽事

飛災橫禍官事臨
隄防疾病三月生
父親本是屬牛人
一生衣祿自在春
高處重結回顆芽
待成羽翼奮天涯
富貴榮華天上雷
先徵縣令有光輝
揀選風水安塋通
送終埋塟作營生

又二刻

南土

同牢

根几

貴神

四交

此命若遇酉時生
職受千户名揚顯
鴻雁后飛过南楼
子宫若逢甲乙位
丙戌屋上土年生
八九仙橋人难过
桃李零春随花舞
誰言花園再發花
一門雨露傳消息
丹桂堂前成四子

家結鎮守千萬兵
正位鎮守紫衣榮
父子原来同属牛
后代衣禄不須求
珊瑚海底尋貴功
辰觀壬卯命歸空
逃者如期六可期
枝須五顆最稀奇
時至春風動連理
六朵桃花似喜姬

恩居
輝此
錦白
鳳鶴
伏子

一對妃央姻緣好
月星浪々居休在
前生八字在命宮
一后就所常為吏
酉时生人身自閑
官居州衙為吏目
流年八字命不通
破才心事常々悶
四柱生來前生定
子息之命若屬狗

南北多飛再團園
戊辰妻宮下廣寒
威武祖父好當軍
運植孝滿退其身
难登天榜近天顔
運至爵位別升迁
隄防四月有灾星
必然凶事入門庭
父母屬相是卯宮
家道榮華主大興

又三刻

余你
消殆
盂春
臨奉
余尔

寅时生人有貴星
天恩官除知縣位
寅时生人祿重重
陰陽迁塟赴婚命
八字生来显官星
家住千户有名位
辛亥逢虎驚人胆
人向五湖明月值
父母原是兎年生
命主前生緣分定

前程遂進往上升
后運再轉戝任清
观故相地宅理通
風水穴法正明輕
此命若遇申時生
運至都領再迁升
七十四歲黃花天
鷄鳴鐘尽入黃泉
子宮屬虎有福星
青衣后代显與隆

告昌
慶瑜
甲丙
許夾
其反

八字申时在命宫
此命金掛身玉帶
紫燕啣泥繞画堂
綠栁紅花春日好
檻前子菓始结圓
生来乜于加荣華
文崗運始圣贤語
八字许火定其身
申时生人主荣昌
皇封勅命掌政事

運推自在昌身生
火后官高再加封
穿簷入户在庭堂
巳巳妻宫名自揚
雨驟風狂未必然
内有一貴覲天顏
鳳凰池泮展羽鱗
除名在家復宫星
官居六位在高堂
運至轉迁名自揚

又四刻

交弛
昂丑
太辛
登徵
年终

寅（数）算六月主灾殃　命中难逃要提防
君子無灾生福患　衰草嫩菊被風霜
父命原是属牛生　定主見郎属牛成
此命若犯金水字　宜主荣華必定荣
秋暮园中六个肥　斜枝竟得掌衣奇
陰陽全得栽培力　晚年貴子定無疑
郊时果戝勝尋常　運至鄉試名自揚
初任官居知縣位　后運升迁佑恩光
郊时生人心性灵　地理六脉任来奄
冠婚宅塋陰陽命　数算天宫时候經

事語
君伸
相希
寅申
身富

風憲御时去京華　公產巡按遍天涯
官滿退戢埋名姓　方古標名人称誇
未時生人身貴奇　繫腰金玉振華夷
皇封戢受千戶位　總戢領軍御尽除
丙子定主寿年長　限到南客是故鄉
八十四歲交空限　回首一枕夢黃梁
八字戍时定得真　腰繫玉帶榮其身
若然官居知縣位　加轉升迁榮父親
未時生人福录長　此命四方位高強
坤位退戢非在晚　紫衣金帶声名揚

又五刻

茂麗　离坎　運至　星生　陳厚

明月照人花自香
乙丑屬牛妻宮命
棠棣花開福祿齊
一身万里遨遊遍
削髮爲僧官星照
徑步少年弗怪你
命中惡曜照流年
碓才难逃十月内
八字生財在命宮
子宮若是屬蛇命

春風桃李正淒涼
海中金命兩双成
雁中兩处分東西
一枝丹桂得相依
得夘爲人做長教
罷戰木司徒養老
灾病疾患又来纏
断橋騎馬浪中船
父母原来火土生
滿门福氣家道興

崅岫論者金尊許太崇亨

辰時生人登相如　步蟾閑講聖賢書
崇迁知縣邦家地　几轉運至又加升
原來你命辰出時　陰陽風水血脉臨
術算二宅通三命　迁坟埋葬許多人
未時生人各自香　官封花帶非尋常
戌受州衙寫吏目　后運升迁別有方
午時之刻是官星　紫衣金帶懸腰中
恩受品爵光門第　丑卯边庭会大兵
丁丑路上难尋伴　可惜風光几度年
七十七上西夕陽夢　一枕黃粱夢九泉

六刻

路昌

洣何

文昌

鼠嚙

土孤

此造八字前生定
子息必然是丙馬
八字四柱前生定
子宮若是丙羊命
此命定是午時生
生中正逢金帶貝
玉景堂前去繡房
妻宮甲子屬鼠命
三雁今飛過黃河
苦樂因知心內事

父母丙牛是京困
家門豐足更康寧
父母文王丙牛人
必主榮華子更生
八字運至主高升
午時未命祿注旺福星
人生喜氣月重光
海中金旺百花香
一樹花開共網羅
一富一貴一風波

勇前
坤交
貴雍
淒双
千地

鉄板桃花数吏神
生逢惲運先前注
午时貴神名自香
權正縣衙常ミ管
猛虎山前横道边
虛驚才录多耗散
男女交配是大倫
二五之上序姻顯
八字生来必禎祥
人生今世難逃躲

戝受官封品书數
木至吉運穩其身
戝受官衙吏目名
德行運至别升迁
八月灾禍急相纏
暗失人口必不安
前生造定数最真
夫婦同室一家人
前緣殷生罵佛王
此命必死在他鄉

正七刻

月見
竜精
千鐘
綵闌
犹能

巳时生人姓名香
仕路升迁人接引
已时生人近来竜
阴阳二宅論三命
八字你命子时生
武職正逢千戶位
戌寅寿数知有几
七十五歲辞日月
父命本是屬牛人
子宫見郎屬鷄命

官封知縣始芬芳
后運轉升在黃堂
地理風水血脉清
大經必然在外經
威風掌管一千兵
后運亨通再加升
虎跳深溝下山林
一声原夢月西沉
原来前世数中成
合主申酉旺家門

笑坤
注太
云佐
儹昰
田作

八字命中數內定
子宮正是屬狗命
八字已时主生身
腰中橫懸金玉帶
配合姻緣前世事
妻宮乙亥屬豬命
皇封勅命官職高
文憲縉紳官職昰
巳時生人在命宮
穩坐職受重迁改

父命必定是屬牛
三代家業百事同
格局平恩受君恩
命內必主有官星
月清風淨昰光明
山頭火旺松栢香
欽撫按察斷事条
腰金紫衣穩身袍
職居吏目官自清
運至榮華在近城

正八刻

主弛
改炎
牛星
神鳴
有天

患难苦孤灾無歇
日夜思量驚破胆
此命數内要参詳
房屋歪側要燒了
天边双〻雁嘹嚦
兄弟内中折桂客
午時官星自精神
変應官封知县位
午時生人自盈豐
阴阳二宅看三命

才散人离下破車
命裡難逃十一月
阴阳分明断的強
往來救火乱紛纷
月明芦花知我心
竹边犺鶴是知音
除受正途显威名
香名内外遍生春
地理風水看来龍
寶鏡尅宅正道經

因品　女昇　殊調　栟深　五心

丑時生人命主貴　黃金玉帶腰間圍
官居千戶威名顯　英雄赫〻鎮邊位
巳卯四柱前生定　七十九歲且休言
南柯一夢空回首　鶴駕乘鸞上九天
此命父是屬牛人　子宮兒郎屬豬生
父子總成同緣正　若逢卯酉旺家門
八字檢你姻緣事　原是屬兔命相生
子宮兒郎是屬鼠　合主寅申家道成
此命辰時生人強　紫衣金玉懸腰下
恩封職受千戶位　喜得官星照身安

九分

别捌
昇春
錢否
山更
艮萬

暮景堂前正芳春
男女宫中四个人
菉水死夹在池边
妻宫甲戌属狗命
此命四柱皆前定
身后常為州县显
辰時生人主旺相
加減依律玉府断
身有禍患主憂灾
此命难逃十二月

海棠只願雨枝榮
牡丹花發一枝春
雨洗花梢泥不染
山頭大旺喜更堅
戒受官封府君内
財衰運去也埋名
官封吏目显盛名
運后升遷名自揚
不然官事又傷才
一場凶事入門来

成對
斗數
獲何
岸捕
成心

吉星照臨福录深
牛郎織女共一處
五雁行中多分飛
晉書只奔天涯外
未財足可一身香
宿緣官封知縣位
未時生人愛正經
观營看宅相三命
寅時生人將星臨
勅受名居千户位

二十六歲配成婚
鐘鼓琴瑟樂欣欣
誰信一隻塞外歸
莫恨身棠近紫微
不是升取近晴光
是歲轉升在諫章
地理竜脉空自通
埋葬悲啼你先行
八字生成丙心成
統領軍兵显威名

上刻十分

寒九　月明　日光　笑令　太清

庚辰數定天生就
寿到福录七十歲
二十七歲婚不早
唱隨自能成基家
二十八歲正當年
紅鸞俱是天配就
夗央一枕似芙蓉
原命妻命是癸酉
三隻雁飛綠林外
百里云山遊攬遍

數到令人不自由
一場蝴蝶夢莊周
夫婦交合成英豪
平〻安〻一世高
萬福来臨喜無边
两姓合成一家緣
金玉滿堂月自明
寒鷄一声自啼鳴
豈期昆玉逐晚香
兄弟之中貴名揚

前懸
直引
噴鶯
不正
还遠

八字格局定得真
令月受民有貨利
寅時先天數内断
先嘗州衙爲吏目
流年四柱在命宫
春后殘花秋后草
原來此命不調味
君子命中合帶破
七雁相伴到江濵
何有四海不相識

戝受官居知縣位
時去運敗且藏身
功名早定見文星
后運一定再迁升
飛灾横禍事〻臨
隄防二月主灾星
前世今生數内該
必定流延显口歪
兄弟排行不義存
行中貴客可驚人

上刻十分

相心
姻魂
交叁
敎文
尋景

此命卯時生人全　富貴榮華官自迁
運至生逢重〻位　紫衣金帶掛腰間
梅花寒江上冬景　松栢盛茂竹葉高
妻宮屬猴平穩命　清風明月滿床嬌
妻子命宮晚年成　朱衣堂前戲彩鳳
丹桂森〻六子盛　三朵梨花似芙蓉
八字廣記聖人文　文齐福齐命亦通
戌分官居爲敎授　以後運至在家中
寅時必定生貴子　官星茂盛主重显
官居州衙為吏目　然后運至再迁升

奇傳
演次
乾斗
爰能
虛遍

命運蹇滯定有衰　半夏五月天降災
運主破才並口舌　必然凶事入門來
此命衣祿更嘍囉　八字定就無移挪
君子衣祿常常有　前生形容鬍子多
日逢奎星主破才　災病纏身正月災
夜間思量驚破膽　緊緊隄防凶事來
酉時貴星棟樑才　福祿功業日照怀
果然官居知縣位　加轉外道等時來
酉時生人入命宮　通曉地理災自明
陰陽道望二宅事　洪範以甲達五神論

上刻十二分

能太 柳晃 亡神 礼觔 感心

八字辰时主命宫
此聀皆因前生定
主定壬午今生寿
紅塵八十年終老
申时八字福臨身
忽然官居知縣位
申时荣貴主才豐
冠婚埋葬行二宅
卯时生你有将星
當权聀受千户位

威权方显一千兵
千户后来有功升
到老身心各有期
晚景夕陽一夢间
命宫升迁立人倫
然后升迁出天真
風水地理穴法明
阴阳埋葬多少人
紫衣掛体身自荣
八字命中有加升

繡亨
云散
大吉
大利
太賀

限至辛巳在命宮
七十二歲天祿盡
月到十五又重圓
二十九歲婚方成
三十之歲正年當
正是吉日遇良辰
三十一歲喜無边
男欢女樂在一處
桃李開放是春天
梨樹猶如花開早

月落西山一臨空
难逃黃泉一夢中
人逢青春樂少年
双〻蝴蝶落花前
好似嫦娥下廣寒
朱陳交好世〻綿
姻婚成就永團圓
也是人間一個仙
三十二歲妻團圓
双〻蝴蝶戲白蓮

上刻十三分

后做
鼠佳
來金
对便
雁処

丑时生人命主荣
腰横花带金玉綬
李白桃花揔是春
妻宮属羊辛未相
子时生人得貴荣
地理風水竜脉通
丑时生人在命中
官居州衙為吏目
八字数内算得真
形容可似婁〻面

戌受官祿紫衣逢
君子也主是前生
鴛鴦相会过江濱
鶯声燕語翠竹清
四方衣录万事行
再看二宅显神通
衣录官位可迁升
后運官升紫衣荣
陰陽推算可通神
此命荣與福祿保

仁動
艮時
採本
对鶯
禀火

子时生人聚才神　百里威風立丹心
清蘆名色寫縣令　受取别升再显名
死央戲水碧潭清　鴻雁成行並翅名鳴
妻宫属虎丙寅相　炉中火旺百福生
此命正逢戌時生　地理坟宅穴又明
迁葬安坟行二宅　埋送世上多少人
流年一运主灾殃　疾病禍患不离床
此命难逃七月内　破才口舌草逢霜
己时生人大亨通　威令家給一千兵
职受官居千户位　后日運至又加升

上刻十四分

畢世三人好緣百昌到末

癸未年來數更強
七十二歲官祿盡
姊妹三人最吉祥
同父同母不同心
春日本是和熙天
鸞鳳配成三十三
數算姊妹有二人
先天定你居為二
未時入運主興隆
貴人接引財利至

紅塵路上多愁腸
夜長更深是高人
數定此造短為長
福祿遂時各自強
夭桃蓁蓁趁良緣
室家只此乃得安
一父一母有異心
壬命安排五行真
凡事謀為皆可成
枯木逢春發嫩枝

四海可托
醋孤惟世
前稀

先天定你姊妹宫
数算此命該居一
世人上情莫胡怨
算居三十零四歲
子时生人貴且显
運至生來到旺地
甲申主定先天寿
七十七上騎劣馬
八字運显命遲滞
黄金正理方便好

八卦合成是二人
富貴荣華各若菲
万事從容總由天
一对夗央成良缘
紫衣黄金腰中懸
戢受五馬福來迁
犬吠一声空如音
浪裡行船主一驚
皇宣戢受布政司
請高穩落可藏身

上刻十五分

許市
名陞
船垢
深心
道算

子時生人運亨通
官居州衙爲吏目
運行流年主不通
若非疾病財常有
陰陽推算古今普
自身風流合帶破
亥時生人主大荣
官居州衙爲吏目
一对夗央戲水濵
妻宮原是庚午相

衣录食录天然賜
后運荣華又興騰
九月一定有灾星
更逢才破人口驚
合主今世無所依
更逢才破人口驚（君子面上有面疤）
合該天录福重〻
運至升迁录位荣
芦花深處結成婚
清風一枕共仝衾

紬調
訣廣
水存
富太
中和

亥時真貴可超羣
累戢官居爲縣宰
亥時生人覌五行
迁宅論塋相三命
你命正逢亥時生
勅封官受千戶位
命臨亥時格局清
威福多显黃金帶
福分原是前生定
子宮若遇屬猴相

無端功業紫衣臣
清簾必定有高升
地理風水穴法清
埋送世上多少人
奎星福星振帝京
求囝官居掌軍令
祿录榮華必受封
運至庚申家業興
此命數中推的明
折桂门庭世代榮

一刻六分

宪爻

虔（震）交

姤興

亨加

貞祥

此字（命）八字定子息　數中推来不差分

屬兔兒郎前程遠　家道康泰万事新

八字原来命運周　申酉年間家道成

子息若得屬竜相　后来富貴換门墻

不早不遲正中年　三十五歲女配男

夫婦和合成家許　一團和氣照青天

大運行来到午宮　五年荣華福自興

吉星照耀福禄至　晚景興旺百事亨

大運行来酉字中　百事貞祥四季亨

往前一運多吉利　明月出入主身祥

榮之
心中
翁馮
張富
云秋

春早花開子規鳴
頭生早已得一子
運行已已起心怀
虎奔山林增智胆
行年正當二十五
泮池丹桂仍起鳳
運行二十六歲年
后所謀事皆吉利
此時生人有才星
青杏桂楢年之盛

人倫大道從此生
十五見喜數無更
家道亨通福禄来
竜騰江海壯精神
此時文星入命来
他年平步上金階
自入黌宮春鳳鳴
高遷（迁）榮華喜氣揚
父是丙馬母丙羊
翠竹梅花奈歲寒

一刻七分

青命
遇道
不須
歸歌
登高

春生轉到花開秋
嘻嘻道有声名遠
魚龍變化各有時
若得功名夫加百倍
命裡生辰莫怨天
茲然夫妻交合悅
配合姻緣前世事
須知年甲不相等
濛濛雨露烟籠等
壬戌二月十七日

父是屬虎母屬猴
青似青松如水東流
年二十七歲未為遲
他年定入泮宮池
三十六歲婚姻全
却有早子拜堂前
夫君已大十七年
一枕妃尖交經眠
明月吹竹畫樓中
雲淡松青綠柳濃

晶亨
角奂
昴合
亳君
鏩頭

乙丑命屬海中金
空逢丙月（滴泉列）三冬月
天生此命時數真
辛未原到中秋月
罩鷲譯銷白雲間
妻宮屬鼠壬子相
天地生人正逢春
嗣續華（榮）輩家內盛
先天算定此命真
堂上父母全歡喜

七十二歲壽數真
一枕南柯夢不成
七十二歲運難通
迴首黃粱一夢中
流水流南過遠山
澗下水旺喜無边
次子屬羊巧相親
海棠明月喜氣生
次男定是屬牛人
積慶萬代子孫榮

一刻八分

云風　慶安　地籠　秀言　昂丑

鴛鴦相酣兩淒淒
妻宮房純週辛巳
暮春一樹花枝戰
妻宮丙戌房狗命
行年正當二十八
明倫序班魁首選
運行流年二十九
春來魚躍能變化
八字生來貴相真
日伴君王朱紫貴

水面浮萍東又西
白臘金命一枝栖
好似兆史永不離
屋上土旺自芳菲
鳳鳥登青主發達
高攀丹桂定基業
此時榮花喜事有
他年大展經綸手
數定此刻主喜榮
官居職受一品人

能忍
星心
本昌
星坐
楚天

先天神数算更真
一世衣禄不缺大
数定寅时主荣昌
官居一品秉位厚
先天推算酉的生
官居高位人钦敬
十月内星来照临
魁过酉日酉时去
此刻生人是贵星
金带紫衣身上是

身荣难贫主兴隆
买卖兴盛自安宁
去奇八字更争光
腰金紫绶伴君王
高贵荣华一齐新
腰带金玉伴明王
疾病缠身紧流了
你命又做一世人
福禄荣花两相同
寅中富贵又加封

一刻九分

空望 天降 登高 步衢 初步

申運行來主吉祥
西方金牛來照命
戌字五年不要忙
順適平安五年整
卯時生人姓名香
郡邦百里人稱羨
行年三十一歲臨
此年必入黌宮里
二十二歲文星臨
青今之時名聲顯

逢着一運百事昌
何懼龍門百丈高
發福生財內中藏
富貴榮華喜自揚
官封知縣始芬芳
后運轉外到黃堂
挑香花開人人欽
改換門庭更超群
其年榮華有求名
貴人相扶到泮宮

大順

右福

金盞

朝元

納興

姻緣本是天所定
指君長子是何相
甲子運中事兩難
若安不五逢字宮
姻緣玄機理不差
向君長子是何相
運行丙子事不一
丙中須知財原聚
五行稟命全消真
欲向子息宮中事

先天數內主分明
宜主兩鼠福祿與
甲字行來財翻天
是是非非多不安
數宜合八卦真妙法
玄主兩牛福祿加
上火下水合為似
不足運逢多不吉
此理光明數內存
長子兩虎然榮身

一刻十分

九曲一元
金來天心

数定君家不能移
本是一根分兩枝
非推刻以生成此
天机早定惟此識
子時生人有五行
觀消二宅陰陽事
神数算就你命忠
善有人交主安信

診身要定兩家過
門庭依舊又重新
父親定是羊欄生
果然由命不由人
擇選風水安塋通
送終埋葬作營生
心直口快忍讓人
陵義踈財禍自增

邵夫子先天神數　南部

公修
早道
賭流
寔叙
日晤

午時生人早显荣
富貴荣花录自有
時正剋真筭的明
四妻造定多欢樂
道合先天數无差
十一月生先亡父
乙酉原來是屬鷄
納音並是泉中水
酉時人生能吉急
兩家和了心裡怕

職受县官典史名
后運升迁自亨通
先天卦内無虚言
富貴荣華七子鳴
乾坤恩光主荣花
母在堂上主守家
家门康太百福斉
世理光明合天机
見官有裡說是非
詞羅納綿(荅)價價催

正一刻

肆四
朱亭
樂猶
夔龍
夫宮

暮景堂前並芳春
四男四女積德好
已酉天数定長生
辞世陽光七十九
百年姻缘事何如
妻宮乙酉属鷄命
先天定数生人间
夕陽一段春光好
昔日姻缘主荣昌
妃央交结重相會

海棠只願双枝荣
男女同居一樹生
梧桐葉落遇寒風
沉醉東風黄梁夢
妃央菜衣过青波
井泉水旺如江河
次子属兔是前绿
堂上双親百年安
夫男主大定高強
衣禄荣花百事昌

鳳花 謹中 心太 儀為 食定

寅時生人主清奇
沛泽州主同知位
巳時生人近貴親
此命衣食財豐足
八字此命寅時生
恩承官封百户位
巳時生人性自香
紫袍玉帶身榮貴
天道生成父母宮
十月生人先尅父

屡迁初終皆利宜
后運升迁百事吉
君子手燕四方通
到處自有貴人欽
將相為官顯貴榮
四柱原來后再升
职受典吏自清光
升迁别郡把名揚
南園廿卅又茯苓
母在堂前受元亨

亥二刻

害陀　言淺　台承　交射　醞七

申時生人貴人喜
理直氣壯判斷明
丑時妃央引鳳凰
月老作定婚姻配
命中屬猴泉中水
注定甲申是本宮
乙未運逢喜流年
二六八九多不遂
春光正發日日遲
一隻孤雁天邊去

告狀見官全憑理
公堂正大輸於你
錦糕妻宮小九年
美滿恩情時年香
辰巳年來逢之吉
為人一生有綱紀
鷄歲逢之得自然
十一月內趣心間
半夜風吹葉落稀
一朵梨花賽紅菊

後亭　棨俊　龍幢　戢太　洗笑

戊申主定好榮花
嗚嘻一聲振好夢
一枕妃央自清奇
夫男生來小你俗
妻宮庚辰屬龍命
百年生來命具時
你命造化天然定
堂上双親同偕老
姻緣須見雨添容
夫男小己过時半

壽限春光七十五
黃泉路上赴黃沙
鳳凰交結倚羅幃
衣祿榮花百福齊
雨打荷葉滿池青
白（原）臘金命有錦榮
單來次子屬虎成
滿门丹桂一枝興
鸞鳳交結在春風
百年系羅一枕同

卯三刻

林近
暮南
能永
興良
從賢

君相卯時數定先
相貌同知坐州位
八字卯時降你生
君子前生手莫定
此命八字卯時生
中年合主財祿美
辰時穩步出自然
職受官居興史位
天喜相照凶不成
月令交八十月后

潜龍超出孝廷歸
后運近升正堂官
衣祿四方有餘增
運至財祿自亨通
威振官星在本宮
勅封百戶后再升
未登金榜名先傳
福星榮照再升近
文昌紅鸞坐歲宫
凶中化吉貴人逢

究中星廣已立切乙妻引

欲向四柱推吉祥
数算你命先剋父
你命楊柳木中香
陰陽八字前生就
未時生人身利官
官法依律公平斷
梧桐先開堂前存
一樹丹貴桂生的好
丁未年中受主高
八三数尽無零算

生成九月菊花香
老母堂上有風光
定你癸未是属羊
世主荣花福更強
詞狀在堂両家言
事依輸贏永不番
牡丹枝上玉麒麟
玉臂一女別鳳春
寒風吹動雪花飄
一枕黃梁卧荒郊

正初刻要

鏩頭　自禮　玄裹　枳不　立苛

此命次子前生定
堂上双親同炊喜
試問凌霄配姻緣
一定衣祿晚年裕
東風吹去一株梅
妻宮壬午柳楊木
辰時生人格局清
相貌同知州全位
玉女鸞鳳今已成
夫命許大自遠大

生男必是屬牛命
積慶百代子孫榮
妻宮歲來自安然
見主榮花福壽綿
妃夾相親在羅幃
屬馬高望在深閨
紫袍金帶印堂中
重錄楊名后廷計
朱紫堂前戲影影
月老榮花在晚景

未屬
元寄
未往
何疑
公請

八字未時生下來
君子衣祿四方有
丑時生人旺夫君
持家定有兒郎志
卯時旺相化為音
運至時來內名顯
數推月會仔細詳
十月雖好還未遂
你命原生在中秋
八月生人先尅父

命主手藝立財端
中朝每日有笑顏
骨肉無情自立身
未運家興勝別別人
職受官封典史名
見孫以后作公卿
六十八歲凶星藏
子丑月中財祿香
定就數內不虛求
母在堂前身不安

初刻參

祇運
多金
公四
於昂
恩安

生辰壬午楊柳木
數主運中多通太
午時原來利見官
太老公富明白事
方信樹頭几菓與
慕景堂前如春夢
丙午來逢不可期
黃蘭花開被天景
一對紀央池內戲
妻宮寅宮原屬虎

屬馬命中多受福
晚景末運有餘祖
口舌言詞蹤堂前
先凶后吉得平安
四柱八字定成名
四朵梨花一樹生
風吹壽盡七十一
夢成壯周古來稀
來〻往〻要青蓮
城頭上土仍團圓

工嗣
劉身
酒客
明吾
定準

原来次子生命長
此運后来主荣昌
己時英才志氣雄
官居紫綬同聅位
命中数算前生定
衣录四方長不缺
原来你命己時生
官封百户身荣貴
寅時格局官录貴
合主恩命受一聅

爻意可是屬鼠相
次子衣录晚年旺
加官州主在其中
聅后又升比前隆
原来你命申時生
手埶塲中称你能
此命八字有將星
運至升廷都揔兵
八字后運有官星
定主典史官有清

初刻六分

皂坐
瑞轍
扶慠
見生
中已

萬事先天主五行
主你生身先尅父
主定辛己屬蛇命
運到命緣生已定
先天推算月令宮
十月心中憂悶過
已時生來主官星
情阻曾定是妻大
滿樹桃花鬧乱紅
五男四女皆前定

原命正當七月生
母在堂前喜盈、
天錫數内显亨通
白臘金玉總為生
二六九月不安寧
十一二月主財生
陰陽算的妙又灵
兩家和合百事成
八聲鶯語盼東風
堂上双親喜自生

明童　犧孅　計益　太顥　陣伍

一门天祿自然豐
妻宮癸未屬羊命
八字灵儀前生定
官显文星同知位
你命八字前生定
皆因酉時生你命
午時穩坐地化龍
官星主定同知位
威武陣伍星照命
耽受君权百户位

芝蘭松栢遇春風
楊栁木旺大亨通
功名一堂輔郡守
運至升迁無移之
君子四方衣录通
手藝原來自興隆
功名玉臺主五行
后運升迁别駕荣
正官談逢午時生
若到别格又超升

初刻六分

奎筭
錢吴
由雲
効鼇
才術

壬寅運至起愁更
若向寿源多少数
丑時文星志氣雄
仕路進退荣花通
鴛鴦交結碧清波
夫宫一定同年好
天道成人凡事润
六月生成生尅父
庚辰命中是屬龍
一生衣祿安然享

分明浮生成就空
八一黄泉一夢中
戝受官祿典史各
運行再來等別升
姻緣婚配鸞凰和
一世衣祿永无錯
前世生來父母緣
母在堂上伴枕眠
此命總為白臘金
家门清齐秀更光耀

顏色陈 玉晉 賦式 聯永 正月

寅時生人命長荣
耿受迁官為県宰
辰時生人見利官
心内防着等闲話
蟬声楊柳斜日紅
梨花闸放是兩朵
癸夘莫问寿年終
七十八歲蝴蝶夢
先天神数定的真
兩个姐〻一个妹

辰祿官位有簿名
后運别調有官陞
口功巧舌辯浮安然
一時忽畧呼黃天
櫻桃噴火〻自紅
子女双〻百福荣
走馬舟登恐一驚
逍遥玉嶺臥南峰
娣妹四個同双親
你身必然居其三

初刻七分

半篇重前

县合　亳居　交寧　馮玉　吾善

壬寅運至起愁更　分明浮生成就空
若问寿源多少数　八一黄泉一夢中
丑時文星志氣雄　耽受官禄典史各
仕路進退荣花通　運行再來等别升
鴛鴦交結碧清波　姻緣婚配鸾凰和
夫宫一定同年好　一世衣禄家无錯
天遣成人凡事闲　前世生來父母緣
六月生成先尅父　母在堂上伴枕眠
庚辰命中是属龍　此命總為白臘金
一生衣禄然安享　家门清秀更光耀

連近 語梔 监亭 由搭 欢樂

子時喜與貴人合
職受遷除典史位
欲问此格几時生
時正己定先尅父
己卯城頭土中生
此命照臨前生是
卯時生人利見官
官打问罪你欢喜
大運相臨到癸丑
十年合來吉星照

承厚功各福自多
運轉荣花百事和
五月半憂喜防風
慈母在堂喜茯芩
屬兎原來是本宮
一世荣華福自隆
口功詞正説祥端
只空人情把家番
心中快樂日〻有
后運享福又峥嶸

酉刻八分

攻書
金玉
已玉
福恩
暗茸

八字十年攻書早
運至登雲終有路
美滿姻緣可成雙
夫妻同命方緣好
男女宮中仔細推
雨洒青枝風光好
成對妃央花水边
妻宮丁丑丙牛命
寿注乙巳春光闹
七十三歲南柯夢

猶如雲遮在蟾宮
平地一声萬声轟
桃杏花開自然香
鸞鳳作引在玉堂
滿樹花闹四子成
三朵梨花賽玉容
芝蘭花成喜青蓮
涧下水中喜氣欢
風吹雲散何帰来
脱離紅塵到泉台

戲貴
元首
食市
善仲
寶緇

八字原来聖人晋
此命一世衣录有
申時文星花降逢
先已迁除同知位
此命原来夫時生
一世衣录四方有
申時生人武藝雄
辰禄荣華多富貴
子時生人手藝精
心灵手巧能造化

次子生来丙猴人
录到福禄得自由
沛澤戢封州郡各
再運升迁禄位重
君家算你手藝能
事了到處皆亨通
有戢封受百户位
后運加轉別迁升
君子衣禄四方通
晚景榮華百福亨

初刻九分

軟美
置酒
倫遊
紅鸞
合卓

申時生人坐禁闈
戢受封宫典史位
欲問雙親在命宫
皆因生你四月内
看你命宫仔細尋
要知納音城頭土
八字命遇紅鸞星
居家有戢宫未位昰
寅時生人見宫平
宫付坐堂要嘴硬

名香得意喜光輝
爵禄清香近飞音
先主尅父在命宫
老母堂上半枕空
戊寅峥嶸病虎真
荣華衣禄送終身
命主學堂好文明
無雨轟雷空自鳴
一進衙门怕傍人
若軟吃虧也不輕

肆四 衡延 選撓 憂欢 子宗

陽和春景主荣花
時來花開成两朵
福裕甲辰离紅边
若問生死在八九
戲水妃央在池蓮
妻宮乙卯丙兔相
先天定命不可移
次男若是在生世
酉時生人显英豪
官封州主同知位

丹桂四子换门庭
子女原來可成家
遇鼠馬頭休登先
回首一夢到九泉
松栢同荣寿更齐
城頭中土甚高强
子宮之数卦先知
此命必定是丙雞
各標金榜紫衣人
后運迁升別郡邦

初刻十本

远神　季仲　契高　彥庻　盧廣

此命原來寅時生
君子手藝皆前定
原來八字酉時生
將有吉星來照臨
酉時生人正宮推
耽受宮居典史位
道合先天父母宮
時正一定先剋父
先天丁丑澗下水
算來降生父母在

四方衣祿美更榮
一世生來治家成
敕賜宮封百戶榮
申酉福祿自加重
運至一聲天上雷
后運榮至迁升隨
原來正三月中生
老母堂上守孤燈
納音屬牛宮中喜
榮花一世多安逸

仕悅　天乙　綉遲　两益　降掩

丑時生人見官吉
不為和合到也罷
天乙原來近書堂
灯下清篤志寒窗守
八字心腸好清闲
終有學堂須及第
月中丹桂一枝香
禹门方知子一位
辛丑運中月深東
嫩花逢霜秋后草

家人扶你方見喜
免得后來有憂惕
犹為雪花見陽光
此文運显声名揚
經綸文章不懈观
只至白鬚待青衫
暮景堂前自荣光
两朵梨花似益姜
七十七歲主大覺
回首黃梁夢已成

初刻十六

雲風
壷太
高段
妻宮
通信

鴛央方对雨凄々
妻宮辛己属蛇命
命中子嗣前生定
空中祿馬全生定
戍時生人各自香
初除州主同知位
陰陽數理論无差
平生陰陽先尅陥
你命原來丑財生
四方到処衣祿有

水面浮萍東又西
白臘金中一梅枝
次子属狗晚年成
堂上双親百世荣
腰束金帯做侍郎
以後升迁振四方
妻宮大你自荣花
相守清光老后發
君子手藝主其身
一世辛苦又勞心

心府 祥參 忙柽 程演 福正

戌時生人命元更
將領立業居边寨
戌時職早可尋常
職受宮居典史位
花開几度下中上
老母在堂先剋父
數算你命主前生
家門福祿榮花旺
此命貴合人陰陽
庶人遇此多加產

皇封宮除在其身
恩受宮封百户欽
運至榮花各譽揚
注定升迁居縣堂
原命你逢二月降
子孫血泪自愁傷
丙子淵下水中成
屬鼠心劳不受穷
主定福星入廟堂
儒者為官近君王

酉刻十二分

天貴 栢礼 主芦 祿位 珠特

八字天貴連慔位
若是平人近庶人
君子見官問吉凶
嘴弱口吶心內美
先天數內坤行人
持家有道人偏喜
丹桂堂前知多少
子女榮崇一母生
花開正遇三月景
四方到処有衣祿

命中堂學須及第
主定長命共富貴
子時生人逈上風
此理主你勝三分
真是子時旺家门
女中丈夫第一人
桃李花開亦成菓
財來李花開四朶
枙縱榮風便東風
甲申井泉更亨通

端真 星土 呂中 詩吟 轉府

堂前丹桂一枝香
一门双親積德享
亥时生人出自然
為宫先坐同知位
姻緣相配似芙蓉
妻宫若大方园配
明倫吟詩更清風
運到應有軒昂志
你命八字亥时生
當权戒受百户位

次子屬猪景自芳
福禄康寧見春光
戢近州郡衆仰覌
后運升迁覲天顏
鶯語交結燕輕盈
百事平安福自生
合主文明日漸通
折桂扳蟾遊泮宫
臨位居宫升高明
后運加增鎮万兵

初刻十二参

味畎　庚亨　乙桂　枝星　守鑑

文時生人志氣雄
戒受官居典史位
庚子原來受清安
七十四歲死零數
乾坤交太有几春
時真一定先尅父
八字勤學好文章
泮池丹桂並起鳳
此命原來前世修
運主命刻可执事

桓々榮貴在其身
后運录豊位自通
時逢衣录中年兴
一枕黄粱夢自終
命中正當正月生
老母堂前守孤灯
時辰詩書五經忙
魚躍滄海玉先光
今生宮星坐四楼
吏主司獄當拿賊囚

宜聯
敲毛
注丁
心不
資辰

数定照命甲午生
原來屬馬是長生
数定壬子桑柘木
八卦定你無移立
狂花滿樹葉陰少
一朵梨花相繼出
玉女秉端配姻緣
鸞鳳交結嫦娥偶
定你屬狗屋上土
此是丙戌年中生

納音石沙金為士
世逢萬載无移步
生你十四是前福
若逢中運后來录
浩蕩春景子三重
堂前目下子規鳴
妻宮賢良年庚同
廣寒宮中月老成
一世前生邁今古
當享福祿无移阻

初刻家

邠此
益已
才昂
真龍
慶安

戊时生人喜貴人
親鄰和処两家好
花柳當前逈鳳舞
庚戌注定馭剔金
一枝丹桂送終老
青山菉水依然在
命中坐定非尋常
文武班各登金殿
暮景一枝樹花嫩
妻宮丙戌屬狗命

告狀有理使几文
此到纏綿悔更深
梨花四朵粉粧成
七十四歲更逢春
一男四女拜坟塋
做子黃泉夢中人
真竜天子振家邦
天下黎民始得康
好似妃央永不分
屋上土命自光輝

封永

蠱亨

重七

那磨

至太

辰財生人貴神臨
運至生成財旺地
命中子嗣皆前定
万年春光慶賀去
丑財福祿近隨身
食前州主同知位
原來午財是你命
君子衣祿四方有
你命八字正丑財
官封戒居百户位

官封百户有將星
宣义通揔在边庭
堂上双親丹桂生
方知次子是屬龍
車馬迊门非等倫
后運迁升出太顛
八字数内定的真
全凭手藝生的神
馬到烟塵尽皆平
將星能為四睦情

初刻五冬

殊亨 德在 竇壇 樗閣 演牧

原來丁亥是長生
摠然七十零五上
貴神相臨照命宮
凶中化吉憂問過
欲問嗣續子息名
四朶花无飛生麗景
天边好事重相見
妻宮丁亥屬猪命
子時重陽雨聚生
宦封州主同知位

高立山嶺主防驚
一枕黄梁做夢成
三六九月不安寧
十月之后主財生
命中定主屬狗生
各鳴一声晚年豐
嵗火姻緣永團圓
屋上土旺自安然
宜逢蒹金雷遷鳴
后運升迁近九重

自有
緫栢
衣會
斜丙
凋文

此命原來辰時生
一世衣祿四方有
羨滿姻緣可成双
星封宮戌百户位
未財星宮祿聚身
戌受宮居典史位
欲向生辰在几時
臘月生人先尅父
乙酉流年細推詳
十月之中還不到

神數算你藝高能
總有百事件〻通
子財生人意氣揚
馬到烟塵盡消亡
忠孝清廉振家声
后運升迁更身榮
雪捲樹花月上明
老母堂上受康寧
三六九月主不强
十一二月進財鄉

丑刻六分

銀硃 罍輪 𢦏太 馮見 犧徹

八字数内有高低
子宫若是属虎命
丁亥原來是本宫
属猪納音是你命
丹桂庭前几枝荣
聪明智慧人欽敬
鸾鳳交結是烟緣
妃央匹配重相好
先天数定算的真
若是别相难守存

父親己定属猪命
歲々相守百年荣
真為屋上土中生
萬載恩光積善荣
次子属虎百年亨
后代兒孫大興隆
妻宫小你自安然
異日福禄両双全
次子乃是属馬人
午相之命立家门

太乙　東郊　突九　出世　倚度

壬日辰時福祿壽
早歲登科家業盛
美滿烟緣可成双
夫男己定小五歲
艸木萌芽雁北鄉
生辰正月十七日
殘花葉落金秋后
生辰十月十二日
運到流年廿二十九
百朵紅花開雨裡

滿门朱紫富貴期
高陞名揚四海知
梔杏花開在玉堂
鸞鳳接引入画堂
東風動吹上九天
堂上双親賀喜元
要看東陽樓上開
丹桂堂前離毋胎
此歲災星重〻有
一輪明月雲自收

一刻七分

芦同

樂天

吹治

执伏

秋荷

妻宫行年二十九
一门喜氣從天降
先天数定寅時生
居家勤倹八〻欽
八字命宫為医道
針灸方能行通運
已時談主扶助星
骨肉無情心内惱
助夫正是卯時生
不羨陶朱金玉富

此歲原生一個男
子息生成是前缘
助夫成家有財星
夫妻和合百年亨
一世清閑福禄照
藥治瘡疽最為高
末運峥嶸自安身
若得時真自超羣
與家内助十二春
可比梁鴻孟光人

鼓鑑 星坐 新至 伏峯 官虞

命中八字前生定
學成分甬阴阳理
命犯刑冲尅夫君
庭前花柳重ニ甬
亥時生人命甚強
雖然自立成家早
午時生定旺夫[illegible]
妻宮行年三十八
治家道有人可賀
一门喜氣添吉慶

今生合多眼目灾
四方衣祿有外財
后嫁屬虎是姻緣
再覌兜央過百年
一生志氣好方剛
骨肉相殘腦斷腸
牛羊盛隆許々年
此家一子降生芽
粮滿倉房壽綿々
八字數內定不差

一刻七八分

澄清 榮畨 都卓 路卒 金詳

辰時生人四不全
出旺夫家百年好
八字命有清閑藝
禁癟痔瘡外科显
未時合主命亦通
助夫出家般々好
酉時生人最性强
治家夫旺全有道
申時生人最好剛
助夫出家犹小可

恩人無義治家緣
進財生人然自安
九了儒士藥良医
向君百病無不知
骨肉無情惹氣生
手藝犹能助女工
呼奴使婢坐高堂
骨肉无情惱人腸
奈何心强命不强
恩人无義实可傷

寅坤
秋聲
鼠嗺
慶瑜
獮眷

戌財生人宜戢威
先任正堂知县位
江边雞唱方回道
玉景堂前喜芬芳
妻宮甲子屬鼠命
紫燕啣泥近出堂
甲子屬鼠海中金
菉楊花柳逦春日
菉水妃央在蓮池
妻宮甲戌屬狗命

振起一声天上雷
后運升迁錦衣回
夕陽花落落塲空
人生喜氣日重光
海中金命百花香
穿簾入户遶棟梁
寿主七十十歲終
己己妻宮各自香
两枝花梢不染泥
山頭火旺福自备

一刻九分

正才
和跳
要尖
平安
春太

君子財生又多五
命中八字添財喜
兄弟行中倫次排
數定我今过门立
八字前生數中詳
子宮若屬猴命乙
運行己丑喜綿〃
往前漸〃保平安
成財生來无依靠
進財主你多利息

生辰三月二十日
子宮五命无立乙
他人無子輪着挨
一孫繼祖必命訣
父是屬鼠百年强
家道興隆數更香
此運逢之順無逆
家中人口安且吉
自立家门福高強
骨肉情腸一世好

不遜 端登 中才 即土 间湾

你命生來真正若
一輪明月被雲遮
先天定你炉中火
父母堂上斉欣悅
大運交入辛丑中
神數先天妙如神
命中八字喜無憂
家内才帛多興旺
门前丹桂一枝香
一门双親積德厚

父親出外度春秋
牛頭虎尾歸故土
知你本相是丙虎
一世生來再不孤
添福增喜寿更如追松
十年和美出事木亨喜通
算君一世樂悠悠
六畜牲口不用求
次子丙蛇景自芳
福祿安祥更重光

二刻十分

天心　可欢　栗末　还难　武曲

神数定就你命真
善與人交主信寔
時正刻真算的明
正室側室該四房
辰時生人名曰孤
運至逢時春光好
先天定就数不足
天然造化已生定
祖宗功德父縉紳
生成富貴安樂境

心直口敕忍讓人
伏義賺才福峥嶸
先天定就不非輕
丹桂六但富貴榮
人有兄弟我獨無
一輪明月照西東
子息半路陷一枝
富貴穷通天定之
庭滿書架庫積銀
公子絲為王者臣

温垣
千順
文曲

仕途有分料無緣
莫嫌位卑俸又薄
皇恩浩蕩仕路寬
聖朝三逢錄遺士
仕者世祿自昔然
荷蒙恩詔受一職

運逢選待（薦）九品官
紫衣站下正印全
小試利器就八县
会逢隆恩擢知县
少年才子後部選
納粟方可近龍顏

二刻十一分

戲典
法祿
舍佳
太然
花木

父顯祖貴世家儔
君家本是鳳池變
君家初出徵耽留
該主恩命受一耽
為人何多耕讀田
財旺生出雲梯路
命元帶祿貴难攀
會際關门達聰日
人生八字前生魁
欽命皇恩受一耽

身為賢嗣承基周
財旺生出仕路遊
推開波浪駕海舟
九品轉八仕路遊
終日學堂枉徒然
也是皇家棟梁宮
急公授例應王選
九品轉八仍陞迁
君子今生福如雷
喜逢才旺榮衣遂

辛本

四柱生來最聰明
納粟成名方成器

不可疊疊向前程
胎帶五行身主榮

邵夫子先天神數　西部

圭巳
土行
食祿
掌當
連槎

二子成人旺家門
緣娘分淺难經受
雁行兄弟望長江
吳越風景如冰炭
甲申巳亥主金光
旧家食祿人皆羨
大事從來还在天
鼠命准人难存子
同氣相求情最均
數定六个真堪羨

一个只望登青雲
天定賢良早喪身
數定同父不同娘
棠棣排列你為長
獨步黌宮望月蟾
卯酉年間姓名楊
人生何必苦心煎
若不別甯老孤單
常思管鮑與雷陳
那知中途少一人

正刑吝

文光　長短　朋会　泮池　正吾

從來不孝自有三　無子為首理自然
元配佳人不存子　別畄覓得老孤单
五子成人應若吉祥　内有鬭攀桂郎
燕山不得燕山分　一枝闪你早先亡
棠棣花開風雨特　雁行居二早先知
數定仝父不仝母　富貴窮通天定之
算你遊泮辰年至　始得藍袍掛紫衣
十年窗下無人問　一舉成名天下知
養生之道未超羣　送終乃是拜孝人
四子内有青雲客　争奈文脉早歸陰

星陷 塞公 排扶 荣昰 枝摩

演星神数定世间
只知兄弟不仝母
文星慌你子息宫
争奈子如顏回相
三隻鴻雁过南楼
此刻生人該如此
讀造天富全璧星
子年得子秋闈志
鴻雁三隻又零星
居是七人同相在

雁行排定你為三
五行早就命在天
六子耕產子息崇
丹桂司朗文送灵
張方撒孩人怎晋
只落成隻不自由
暫降塵凡輔聖君
辰宫玉榜早標名
豈知命中多有剋
父母早亡兩分离

丑初刻丙

斗哭
久月
三最
祥神
刀吴

命有三子慌尊前
耕耘事業方成美
昔日竇公有燕山
雖然兄弟有五个
十載窗下苦用工
幫增補廩歸何處
先天數你定居五
此刻生人無更改
貴造算來非尋常
早年得遂攀林晏

一枝習人望扳蟾
天定文脈早歸陰
你父生你也一般
一枝早定赴黃泉
藍袍着倅木土成
先天數來到辰宮
算來全父不全母
先天數定禮祖宗
十年之歲喜秋光
方是男兒志氣強

慶雲　啨喧　圭章　雁行　青雲

鹿鳴之后玉兔升
初授文林尊名显
運行戌午主重崇
猛虎入山增智胆
午年過已到未宮
吉曜桂枝名至显
此刻生人兄弟稱
不幸忽被狂風起
欲問八字游泮時
帮增補廩辰戌位

金童飛來宴瓊林
后運增職達帝京
君子加官事趁心
蛟騰到海換牙鱗
此歲酉喜双登青雲
帮增補廩大峥嵘
棠棣分支显一枝
折損成雙只有一
寅時年間成功名
子酉一躍步青雲

正初刻二分

但求
成齊
侶离
澗水
扶女

数定七子有賢愚
只因一点陰隲缺
故問游泮在何年
受尽窓下十年苦
此数当與人間看
雁行排来你居四
丙子生成算得真
身穿青袍登金殿
亥時生人見官去
自然知了兩家意

丹桂賢郎無善緣
故使文脉早歸泉
水火既濟又有緣
始得名耀光祖先
前世定你兄弟緣
不是一母降人間
當今皇帝是歲尊
四方太平百年欣
上人與你劈是非
你是有理也吃虧

三分 情脫 沖劫 賢與 礼順

手足原來有四丁
前生數中不能繇
十年用盡寒窗苦
幫增補廩在何處
先天數中已定真
要知推你是第几
蟾宮折桂喜逢酉
全家食祿君恩重
官星大显福祿加
切忌猴岁當迴避

三个成人一个空
五行生就主大通
藍袍掛身戌亥成
神數算定寅申宮
爭奈同乾不同坤
排定居六是你身
玉殿傳臚在此期
方是男兒得志時
全家食祿是榮華
破財失業亂如麻

正初刻四分

身宮丙新失地重興已成

數算君是已成配
除非招出方得穩
鼓盆謳歌翠斷絃
逢失桑孤六合才
同天合地各步成
莫道此地無奇妙
猴歲驚恐破家業
官位列此莫想升
少年显達早成名
妻榮子貴双全美

十二相生主离尅
無論庶士定豐盈
歲小無妨土不堅
鴻雁飛去莫怨天
非山非水亦從任
你是行中弟七郎
改翁仍归是英雄
扶蟾折桂上青雲
福祿榮華氣象新
衣錦还鄉寿百齡

通士 吉兵 月比 附福 祇敬

流年喜氣通太多
富貴功名終有望
鼠尾牛頭文運興
雖然涉險桑榆暮
月主流年遇比肩
謹慎省言終無禍
到酉逢秋入鄉闈
初任名邦為縣主
人生若問緣姻事
妻宮病鼠庚子命

平生藹富進亨通
幫增補廩丹桂榮
時來運通有声名
已從引領入禁城
大忌兄弟口舌連
永保財源得自然
童年就知衣祿榮
後運欽遷在燕京
好事夗央永不分
壁上土怪百花声

正初刻叁

傷室
且必
運蹇
何謙
根金

此命八字犯孤陽
一慌倏忽死央散
寅年遇合有文星
扳蟾須知声名遠
此歲流年並不適
群羊逢虎多驚恐
折桂年间遇子宫
奂然不得逐登科
運到流年逢四方
丑上須知登甲第

四柱有刑又尅傷
雨洒死央痛断腸
录馬合宮更争荣
迁戲高升把名揚
雨裡残花風裡灯
孤舟海裡遇大風
鳳曲定到戌年逢
官居回鄉家道荣
酉年文協折桂香
光耀门庭喜氣揚

母旺

見心

付業

翠見

晚亨

歲遇卯年折桂枝
登科甲第羊年上
英年甲巳播芳聲
登科猴年酉戌上
八字才官祿庫中
清閑自在高堂坐
来年秋景丹桂芬
一舉成名天下曉
先天數定命運通
十年好運家計美

望喜求名录位齐
紫衣腰金到鳳池
功名到此成却空
花殘月缺風打灯
數頃田園富貴實
呼奴使婢改門風
相隔兩科到戌宮
戢居風憲始藏身
晚景發用運風改
又生貴子勝祖宗

正初刻合

灌滋
農火
專以
守庄
廪科

運到卯年析桂宮
若要及第丑位上
此命八字好朝元
運到三考官帯貴
運過紅鸞喜崇昌
先除雖縣宰百里剧
先天数定伶仃人
祖宗田產皆耗散
運到生旺才官地
若交子午卯酉位

望喜求名錄自通
高步雲衢上九重
農民吏役業才宮
崇華改換耀门庭
酉年登科及第連
巳后升迁光祖宗
八字命中犯木神
末運亨通起家緣
望喜求名才自春
高步雲衢雷一声

小吉 流年 遇知 儀貴 齠齔

今歲流年起心怀
一年四季皆興旺
歲運官煞兩交差
人口遭禍多疾病
今歲流年遇傷官
上人敬重下人慢
才官印綬號三奇
門庭換家改計鐵
此命八字有才官
天生貴子聰明俐

目下營求進外才
添人進口喜兩和諧
口舌是非亂如麻
畜數破損失人家
生氣惹禍是非纏
必然禍事臨门前
若不挨蟾富無疑
金枝玉葉福祿齊
不沖不破定挨蟾
改換門庭光祖先

正初刻七分

流通此忌磅祿奚星月色

去年不利今歲通
官幹私為皆吉利
月下主安遇比肩
事不甘已休前去
官煞七煞犯孤刑
傭工度日為生計
乙酉運中分吉凶
過乙到酉多不順
流年月下命不通
若要身輕始得安

流年月下喜氣生
出入求才富貴隆
不是惹氣口舌纏
忍耐存心無禍端
妻子無言主伶仃
晚運衣祿大亨通
先災乙字財祿興
若無災殃別（到）宮定
破才口舌災禍生
交日災月退災星

歲吉　平安　天定　連旺　祷松

幼年不遂中年吉
官幹松為無不利
大運逢庚主平安
神數察來已定就
乙運行來主吉昌
家下人口多興旺
流年喜逢文星照
目下簪纓皆如意
先天數算壽齡年
七旬中限八十二

望喜貪高任東西
白手成家治田基
一運五年榮花添
晚景之中更崢嶸
一運五年百事祥
富貴榮花晚年豐
祿馬全宮身命強
折桂儒林名身（自）香
壽似松柏各（冬）夏青
祿盡南柯一夢中

正初刻分

遲與
丙美
喜加
重標
年利

命運不通是非多
早年敗時晚年旺
運遇紅鸞文昌星
子年卯酉添秀氣
運到長生帝旺與
寅申巳亥無阻滯
歲運祿馬魁元運
交到辰戌丑未位
流年喜氣福臨门
東君不信仙人語

宗祖財物水上波
老景好運更喽囉
登科及第福重〻
竜门一躍光祖宗
喜遇文昌大吉祥
光耀门閭進田庄
望喜求名錄自添
腰中玉帶拜金鸞
命中似此進田疇
運到添才添馬牛

流厄
言神
旺與
幼美
丑有

流年月下疾病生
諸医不効針無應
運行丁酉两不齊
交入丁字發與旺
女命生來官印全
幼小災殃寄外姓
八字生來才官是
運到長生衆地旺
已酉運行分两下
下五定主破才事

破才口舌不安寧
只得燒香告神灵
上半下半分高低
酉宮破才生災疾
交星與旺治田庄
永得身安延壽錦長
离祖治宅改门庭
創立家園勝祖宗
上五年逢主榮華
酉宮已过福更加

正初刻九分

徽偽孟月地位吉意自迎

流年此運末為吉
事不干己休前去
居家大運臨癸酉
榮華喜事進癸字
大運行來到辛宮
往前俱是好地位
八字命中有錢財
若是早晚妻相助
成蓮之中主榮昌
家下自有福星照

忍耐存心免是非
破才凌辱后悔遲
何時有喜几時憂
酉字之中是非投
平安四時百福共
總有灾殃化吉祥
汝命子孫必定乖
治家一定起高包
三年運氣不着忙
吉星臨门喜自揚

喜月 童志 主典 得意 童災

交節命上退災星
降戕之官增彔位
八字定你無那移
幸得妻宮有內助
癸運行來五年豐
晚景福彔才更旺
數定八字不可移
雖然不入文榜內
小兒生來命硬強
若是身上無魁陷

平地猛虎入山林
鹿人絕本利重〻
汝命治家有奇策
家業興旺趂心怀
人口興旺家主榮
八卦定來百事昌
三十六歲去中魁
后來也是朝中臣
一週五歲身災殃
許為僧道兩家娘

正初刻本

榮昌
乙甲
吉祿
二十
喜遇

丙字行来主荣昌
富貴荣花五年好
大運行来到甲宮
五年亨通多吉利
運行辛酉命安排
酉字之中灾禍至
丁字本性属陰火
五年吉星多照佑
命歳流年更净潾
玉階金殿身荣貴

灾星退位吉星孫
先天神数定不差
金玉滿堂人皆稱
下運还是吉星扶
辛字五年多快哉
轉过下五得安懷
命中相遇自然亨
家下福祿百事康
望喜求名才自通
不是尋常平等人

重畾　吹仔　歲運　幼否　猜疑

天干透出一字来
命中犯着三不靠
三星重見子息稀
瓊林自是花開早
妻言不听定損才
夫妻二人平安过
此命性格主聰明
三六九歲防水火
此灾此禍主不祥
你命若要平安过

幼年游走晚發才
自己攢得家業来
早晚难存貴可知
尊位蟠桃結子遲
若不損才主妻灾
防有官事自外来
無関無煞養成人
心内恐惧不成凶
要防官事有破危
破財禳星免疾灾

正初刻太今

進財 人旺 吉祥 太歲 附生

已位之內多與旺
家下人口皆祥瑞
辰字入運最為高
五年順當多吉利
行年十八事未安
君交十九流年到
流年比肩惹是非
小人口舌都是过
算来你命八字通
日德貴星来相用

兼馬仝宮命益強
運轉吉星又相生
災退吉來多適逢
交至下運更高強
幹事流連做不全
四季禎祥謝上天
不是破才定有災
交月交節主太来
今歲流年喜氣添
不是帮增定補廩

齊安 春梅 來馳 開食 相加

夫時身貴主相依　官祿福祿自然奇

初授七品州判位　運至外廷仕路闈

先天數中已算定　半路守寡枕边宮

無花無子前生造　心内憂慮老無成

命到十月福自生　必定名利才祿豐

萬事從天隨時过　一輪明月照西東

天地生成父母宮　須知灵胎几時生

十月生來老尅母　父在堂前百年春

已字行來大吉祥　五年之中定高祿

福祿榮花天配就　晚景吉星又相加

正初刻十分

興旺
姓談
貨甫
破合
支順

流年过已喜文章
須知及第蹈戍位
命主淡泊受艰难
虽然衣食終日有
買賣貨物百般有
心间長安生涯意
此歲流年要隄防
只恐小人来唆事
大運五年子上遊
好是枯木逢春時

祿馬全宮姓自香
方許金榜声名揚
每日傭工度流年
總是奔波不積錢
金紙黃帛可献神
才帛分明人敬人
圈内猪羊怕火光
破才口舌后安康
才旺謀遂不須憂
衣祿豐天賜其週

迍團
掌纏
言坊
良向
天居

月中桂樹可去奇
傳報已許金榜上
道合先天數無差
十一月先生尅母
命合已亥属猪人
本是納音平地木
格局八字前生定
問你生身父親命
注定属猪癸亥年
本命納音大海水

午時須折貴可知
正是魚龍变化時
乾坤交太自榮華
父在堂前重立家
年月日時条自生
人生萬載事方明
照見心胆數更人
鄉党之中是老人
生成造化是前緣
方知寿条雨俱全

正初刻上參

吳期 延覬 開良 內倚 娘忍

此運已開明月現
春来未得連甲第
幸有外央来伴侶
妻宮己酉房雞命
先天數算已知根
前生造化命中定
此命生来爹娘無
月轉歲移成大器
命中八字骨胎清
此人合認異姓母

太歲臨午命亨通
果然金榜在辰宮
怎知鸞鳳心事同
木尅土旺金自生
方見三子次生身
若是房猴命有根
命做螟蛉始安寧
富貴榮花过光陰
親生父母望你成
兩重父母保安寧

魯奉

進引

申寬

預知

肆中

注定壬戌水東流
七十八歲道遙路
此命八字大海水
九九之年無零數
一对死夾好宿處
妻宮戊申猴相命
八字子息最為準
四雜為你前生定
八子前生無可休
家田份仃庄稼少

朝夕一度过春秋
一枕蝴蝶夢莊周
癸亥之運过斷橋
西天一路任逍遙
可須相守到百年
大驛土中花更妍
命該三子局雖命
男女宮中不可移
隨時淡泊过春秋
居住人字不風流

丑初刻壹

妃窮　善正　大法　黃英　左端

女命八字主貧窮
依親靠鄰為活計
戌時生人坐江閣
初任食祿州判位
大運行宮在丑边
君家謀就並增福
流年喜逢黃道中
若逐交至十一月
八字原來前生定
問你父親何等命

伶仃家破在外行
一母窮苦在命中
先祿榮與主大發
運至外边在京華
望喜貪高遂心田
何必憂慮多熬煎
日主葉花才命宮
雨後花開又遇新
今世命中添才宝
依靠办事有錢鈔

京憧　安薄　宿首　琰助　為辰

姻緣主你皆前定
妻宮丁未丙羊命
此人八字在命中
女命生成貧窮格
行年十三主清官
此命應入黌宮裡
八字生成数斷真
此人原来不服藥
上下生人命運通
望喜貪高災福少

条楊枝上子規啼
天河水上自相依
不主榮花定主窮
磅碌淡泊家不成
杏園桃花任芳菲
改換門庭定有時
原来喘嗽病在身
渾身疾病命难存
時旺十二月重〻
万事遂意福自生

正初刻奏

注固 遞甬 顏成 乾勝 尽星

酉時生人最精神
恩賜官居州判位
命中八字主清涼
父命寿比南山松
注定戊戌平地木
才源一定分明在
此命壬戌大海水
一世長亨定福系
丑字一運主五年
運中衆吉憂也有

官神崇显遍生春
后運外迁步〻崇
六月生人母先亡
玉景堂前春日光
你命属狗有福系
一世崇花自盈足
方知属狗壬戌美
陰陽之命合六理
成敗之事重連〻
除非一運才自安

彥彬　走聖　末馳　閑花　破背

今生看你前生數
果然今生立一子
申時生人本自奇
天賜引為州判吏
流年六月主才生
淺水蛟龍歸大海
運至十四是文星
當今此際功名早
平生八字主清閑
注定命中先尅母

方知三子是房猪
晚景其餘摠自知
官星崇昰並羽宜
運至卯位再加級
望喜求名趁心怀
平地猛虎入山林
少年崇花可求名
貴人相扶到辰宮
五月生成半夏天
父在堂前壽百年

正刻七分

难粉
妙文
亥消
壽昂
安命

八字造化不由人
行走四肢难獲步
注定局雞生丁酉
須知納音山下火
此命四柱更逍遥
納音知是石榴木
辛酉之年莫行船
春景一過美景火
運至文章剋命宫
五百年前積德厚

前世前緣定保身
病主風难数是真
神数合来是斗牛
一世衣祿自然亨
天数辛酉定得高
本宫局雞是根苗
風吹波浪有驚恐
南柯一夢自安然
夫人金階女受封
今生享寿福重重

生彔 無墜 天彔 前生 玉舒

八字数中定得真
今貧合是寃業尽
命逢九月自崇華
行年十五主文章
富貴功名終有光
子午年間登雲路
生時八字最高強
當知属虎君家造
前生你命属庚申
算你納音石榴木

此命生前狂滿人
現今疾病纏其身
望喜求才更亨通
枯木逢春又生光
吉星拱照福自強
初入泮池折桂香
春光無限無福疆
三代祖宗沐恩光
属猴原来身可安
福彔一世自週全

正一刻七分

阮鎖
萬茸
心田
天象
萌懂

命中庚寅松柏木
當知房虎君家造
庚申寿主百年孫
八字一声啼野外
行自亥上運皆吉
君家五年多得意
女命若逢五福星
生就夫人金玉貴
一对死夾映月紅
妻宮房馬丙午年

定主運數有福象
三代祖宗享大象
象馬命神过南河
七十六歲夢南柯
先天數内已定知
財帛興旺子更齊
合受天錄更豐盈
改換门庭喜氣盈
蘆花深處黄鳥鳴
正是姻緣方得清

月殿

鎖綫

籃食

網紜

知謀

仲年十六貴人欽
芹宮之中應有分
合得四柱細推詳
時值命中先剋母
原來己未是屬羊
生身有个天上火
欲問丙申是屬猴
命屬納音山下火
流年十七丹桂香
泮水游來仍折桂

若能勤奮主文章
他日丹桂再芬芳
九月生成菊花香
主受榮花寿更長
動止安然太平享
前生衣祿福更強
永承先代古人番
今世榮花得生由
月望重如福祿強
他年翹首任龍章

正刻八分

女侏
彰奔
儒佚
鮏暢
花月

女命八字恳精細
受封荣花夫人命
己未柱中數几更
高山流水春常在
女命近貴是前緣
受封夫人金冠帯
春早花開是前由
命改第三小兒子
未時生人姓名香
天賜官居通判位

不讀詩書礼義通
兒孫滿堂更豐盈
清風明月七十中
風裡点灯一場空
一生禍福由天定
自穿釵佩玉还金
天降生到汝家门
生來可畏属龍人
官位录增非尋常
運逆件述姓名揚

勇猛　好扶　金钱　低引　斗宿

行年十八百福臻　若有聰明貴人欽

此年命中文星照　明倫序班正人倫

八字汝命逢貴胎　一逢天祿進門來

行年紅鸞升騰好　卯酉夫人待金階

行年十九福重臨　須知此命遇貴人

文星显露芸窗迎　他年奮志上青雲

戊午壽似東海水　七十六歲一場空

清風明月南柯夢　滄海茫茫舟送灯

行年二十显文星　事事迎门多吉祥

明倫魁首須晉意　他年折桂九重香

正刻九分

扶通
会果
右來
文章
乾馳

人若求問姻緣事
妻宮属牛辛丑年
男女宫中細推詳
此相合主第三子
午特當頭非等閑
天賜皇恩州判位
兄弟行中不一般
内有折桂青雲客
運行八月喜遇秋
若到東西至南北

好似北央永不分
壁上土命定得真
属蛇児子晚年發
丹桂榮耀自然香
潛龍超出九重淵
運至先陰步三公
四人刑尅两俱全
改換门庭貴人量
福泉財帛漸〻有
百事亨通永無憂

箕呼
運依
究鄙
中居
八詡

命逢丁巳壽更長
青山綠水依然在
一對死尖水上流
釵釧金旺百福生
堂前一枝丹桂景
今知房馬第三子
己時數定身榮貴
官居州判晉清吏
運至七月大吉昌
天月雲散月光照

相逢七十零二載
夕陽回首夢黃粱
妻宮房狗定無憂
同生同伴幾時休
雨露生春小桃紅
好風吹送子規鳴
逢旺威權主公康
運至公卿別升遷
望喜求財事更強
山頭露散月轉墻

正二刻十分

春耕
儍便
串進
甲順
原伯

二十一歲主亨通
此年泮水不足羨
乾坤交泰正春光
父親依旧安然在
乙未原來是屬羊
吉數決中金為命
戊午正逢天上火
屬馬原來是本相
辰時生人是官星
天恩大貴正印照

逢迍之日主爭榮
異日承恩上九重
三月生人母先亡
福祿老壽在高堂
衣祿前世修得良
由來福祿自然殊
五福前定壽祿多
家道昌泰再無錯
但逢食神州判命
運至更有別遷升

首之
天馳
陰星
集棣
聯宜

此命前世無善緣
餘食茶飯心上隔
平生八字主清閑
百朵紅花開雨裡
二十二歲主身荣
寒毡坐破不辭久
命中定你几時生
臘月生人母先升
算數甲午是丙馬
吉數沙中金為命

當初毀佛罵神仙
縱有仙方治不痊
五月求才福自安
一门明月出雲端
独步花宮有功名
定有扳蟾折桂能
雪壓梅花月正明
父是南極不老松
福祿荣昌主自然
老景安祥壽無边

正二刻十一分

秘歲
塊合
余食
窺中
知時

命逢主定己丑生
房牛方知君家造
契合誰知命不同
妻宮房雖难保守
運行二十三歲豫
少年枝桂登科早
皆由此命逢丁己
恩成一定決中土
二十四歲貴星臨
黌宮得遂平生願

納音霹靂火中生
晚景榮華得趣情
猶如月缺忽遠明
續斷前絃琴又鳴
須知喜事入其宮
滿門榮華喜重重
方知房蛇是本宮
人生數定豈容情
君心須知喜臨門
改換門廷勝前人

曲星 風遼 黃花 過天 謹庚

万事先天注五行
七月生身先尅母
男女宮中仔细察
堂前不用梅稍月
堂前翠竹自景張
妻宮乙巳屬蛇命
命中八年流年好
欲知三子是何相
细時官位正官推
初作州判清廉正

阳后一蔓到洞天
将数求坏今世间
梅花神数無弦走
方知三子定屬狗
姻缘配就起蒼江
霞灯火土桂百香
晚歲崇華喜自然
屬鼠原来又非凡
官星显達如鳴雷
青雲得路主高升

正二刻十三分

昇和

理正

永命

前依

正別

驟雨狂風打綠衣
配來妻宮是屬馬
綠柳桃花總是春
森森丹桂長清涼
丙辰壽是兔走園
七十六歲壽蝴蝶夢
園內花開杏花紅
妻中屬猪辛亥命
男女宮中細推詳
須知三子是何相

一對死夫飛不飛
主定長短壽不齊
死夫会聚向江濱
妻宮屬羊命不存
子規啼死泪闌杆
回首夕陽泪潸潸
鸞鳳交和至蘭台
釵環金旺福又來
福祿亨通甚剛強
先天主定是屬羊

祖奉 白羊 居蔡 玉嗣 文定

文運交入乙卯宮
梧桐交落黃花盡
八字前生已定就
若問一世何生理
雁來鳴時鴻去揚
妻宮乙巳屬蛇命
命中八字好流年
欲知三子屬何相
寅運五年不須憂
添財進口多吉利

七十五歲入佳城
阴阳一枕夢陶天
將本求利今世中
賣買公平是營生
姻緣相配永不妨
霞灯火上百花香
晚歲崇花喜自然
屬鼠原來又非凡
風波灾殃一旦無
錦上添花福自由

正二刻寄

理拾

廸鶯

復世

宜聯

鼇先

女命生来灵竒巧
忽然丈夫半世去
雨后万物回月生
每日吃飯难飲食
冨貴功名早已成
豈料中途多蹉蹇
卯宮數中定得真
貴人扶助財與旺
数定壬子桑柘木
分明主定無後走

貞節賢良名自標
撫養児児未運好
夫婦和順家道昌
心内阻隔求仙方
官星透露显威風
申酉逢之有争荣
件〻遂心百事宜
五年之内大愁心
生你属鼠自有福
午運逢之好食禄

覽言
瀛洲
鳴庫
箕掃
謹劫

丙辰生人正屬龍
初年主你中正过
他年鹿鳴必听歌
自從儒進黄门廷
命運三月主亨通
望喜得財福祿來至
楚樹無花景色鮮
狂風驟雨打檻杆
元命生逢中秋天
八月生來先尅母

納音沙中土相生
已後崇花有高林
且到他年廪粟帮
文章八斗豈尋常
官灾禍患事事明
所謀百事自然成
燕飛鳳舞日和天
猴妻定主喪黄泉
春光無限子規还
父在堂上壽百年

正刻寿

會先
揮振
民安
故敏
張錢

注定你命辛卯年
一枝杏花春光好
簾籠深鎖白雲深
落花流水人寂寞
命運四月主榮華
富貴功名終有望
生命之年在乙卯
方知大溪水中生
数中仔细推吉祥
時真命該先尅母

杏柏水旺更無情
晚景榮華福自生
燕語呢喃过南楼
妻宮局鬼命不佳
望喜會財更通達
枯木逢春枝又發
平生福祿身臨好
安然定主前生宝
四月為藥牡丹香
父在堂前寿命長

脚集 尊藥 悅然 揚声 尤更

欲向八字何刑冲
丹桂堂前嚴君在
露草壬辰長流水
秋水相應有明月
命水八字生時硬
局牛妻宫剋損过
一鼓鳴琴絃斷却
妻宫局裡难得火
细推局虎是甲寅
福祿安然有吉星

二月生辰母先亡
恩愛憂愁自淒涼
立春生定有貴星
中途花残遶蜂蝶
萬載榮華福自加
再苛姻緣依翠花
須當緊續永不錯
重配姻緣唱楚歌
納音大溪水中成
世代榮華福自臻

正三刻六分

伍震
姻覧
怌肚
平誰
次条

賞过名園几处花
歲寒人事恐惆悵
甲寒注定驚恐多
浮生若夢却是窮
死央好似碧水源
妻宮田良房就命
命運八字前生定
晚景榮花多福禄
寅時生人有定数
已后定坐黃堂位

花散子宜显榮華
妻宮房狗卧黃泱
七十七歲系馬尽
荒卯黃梁夢已枕
明月光阴甚堪羡
覆灯火旺百年成
方知三才是房牛
定主愁憂半途中
初作州判自然安
腰金衣紫别壯过

東楷 爰煬 承昂 山请 雷衣

盤旋癸巳長流水
數算此命生得厚
定知癸丑是属牛
知你納音桑柘木
癸丑福禄定榮華
金風寒暑七十四
前世姻緣皆分定
揔然一時成姻眷
外安相对水中浮
妻宮癸卯属兔命

属蛇原來方為吉
一世榮華百事齊
陰陽前世聖人留
福禄榮華百世週
还絶消魂一夢走
九泉一夢歸魂遊
何須論短又說長
属猪妻宮命主亡
前世姻緣自和睦
全卜全旺命是福

丑三刻七分

鉋諸　矢故　俊良　申鶴　台謝

心下欲知子宮数
命中生子合一堂
丑時安穩显文章星
衆然身居黄堂位
五行数定在先天
百花無子数已定
交逢二月逐心怀
凡来事事難入吉利多
妻宮蛇相保守安難
若得夫妻相聚会

三子原當是卯宮
末年榮華福双厚
公廉州判主清正
腰金衣紫又高牀
半路守寡自然安
合該外子拜堂前
所謀求財自然来
雨后生春花又闹
不料死央丙分离
再調琴瑟始相宜

臨世 頭所 義居 討和 振公

春年壬子主憂愁
七十二歲到陰路
八字命中鼠年生
身居佳位多通泰
風吹翠竹碧雲天
妻宮属相是壬寅
命中子嗣令相逢
要知第三見郎相
子時青衣作佳闈
食祿官星作州判

菊花開放雁南楼
回首夕阳一夢遊
犹如明珠掌上行
一世福缘盈门庭
雨后接花氣又生
金下金命似南山
八字無刑是前生
必然属虎是前生
香名草〻喜争輝
運至卅迭换紫衣

丑二刻八分

遲宮空　辛朋　神佳　呂包　誠花

前世八字主不祥
医藥調和不能愈
未調琴瑟必須憂
妻宮若是屬鼠命
運至正月不須憂
百般福祿皆為旺
命中數內主有妨
父在堂上光春好
一隻小舟在江遊
妻宮若是虎年生

水命見郎主灾殃
命該疾病將身亡
纔上欄杆風打頭
必主刑傷命不周
四方才來任意求
作事亨通可無憂
正月生身母先亡
壽比青松百年強
又遇大風來打舟
必主刑傷不到頭

四生里人龍奇則典五奇

申時生人要吃虧
是人过后全不感
八字生来福氣強
志氣凌雲冲北斗
是人無義命中該
件件劳心般般好
四柱推算劳宮命
若把工夫勤百倍
人生命中有文星
少年進入泮水中

美中不遂意是非
骨肉如今行路人
命中必定主文章
徐步劳宮声名揚
骨肉傷殘不聚財
生逢辰時离母胎
金白水清福自生
是日必主上九重
工夫若到登光显
運入金水星崇昌

丑二刻九分

木早
文學
丙明
明堂
榜丁

四柱生時命在天
恩人無義多不美
八字生成犯奎星
若把工夫勤百倍
丑時生人濟無功
早年難為多成敗
人生數定富貴相
運至定入泮水池
時來福至丹桂扳
準入泮宮声明遠

骨肉無限衣祿全
生居寅時福綿綿
合主文章日漸成
池物必定化為龍
骨肉相残運不通
運入晚景得亨通
文章满腹未得時
丁年養成化龍魚
滄海明珠出入源
富貴榮花得自由

洙泗
名頭
各成
朱下
食銀

魁時生人更出奇
現外有餘內常火
終日寒窗對聖矣
要想月中接丹桂
有志之人近青雲
少年得志黌宮裡
午時生人志氣寬
親者如仝不相識
春紅花徑亂發芽
若能幫增並補廩

千葉蕊花必秀实
恩人咸寬事不齊
雪案螢火二十年
須知工夫不斷間
接蟾折桂是貴人
運轉同來志氣雄
恩人無義反成仇
凡声不應枉徒然
十年喜事滿门華
須知卯未酉字嶺

五三刻十分

清吞 丁空 壯風 本自 会育

清明時節雨紛紛
十年意下無人問
子時生人衣衾長
早年成敗晚年好
八字生人更出奇
男見不奮題橋志
日出始得卯位臨
施恩夫人將仇報
四柱生來福壽全
若到乙酉庚辰位

讀書之人最超群
一舉成名天下聞
恩人無骨義肉深
高人見喜小人恨
功名富貴更不虛
安得高乘四馬車
多成多敗几番之
免得爭業福壽綿
功名富貴有遲延
前程过人喜相連

詠里　終身　已去　路查　醋味

四柱全憑時要真
一年成敗天終佑
鉄硯磨透望青雲
久住芹宮声名远
已時初刻难靠人
貴人見喜小人恨
人生是美泮池遊
月殿雞猴終須到
酉時生人納音土
凡事傷心々內惱

恩人反成仇怨深
晚景争榮天晴臨
寒窗独自苦用心
衣錦身榮福自深
親者如今行路人
福祿晚景歲月深
窗下十載未曾寬
始得成名子午年
恩人反成一場空
寄語相逢依旧親

正三刻分

青宵
天定
青定
老天
天已

運到時來入泮宮
若得朱衣点頭時
天定富貴造化連
黌宮遊來声名远
生逢衣彔戌時長
恩人又成多仇怨
性傲文人主清高
皇天不負勤苦志
聰明之人近聖矣
異日声名四海潤

龍门跳自上九重
不久榮花至鳳樓
登雲步月到廣寒
異日時至面君顏
一世清閑自在仙
済人無功才自香
雪案螢窗時〻勞
終始黌宮去占熱
五福迎门真堪羨
跳步蟾宫望月娟

風感
星明
教育
畔已
环進

喜得當年生居身
運交先入乾宮裡
八字生來最超群
運至木金定显達
為人玉犀志定高
黌宮已入声名远
八字天然造化成
若遇已酉來遊詳
堪笑世人不知机
世上万般皆由命

光前裕后是双親
留得芳名久後聞
科第先声振家門
不負先人教子心
門庭光耀定富豪
且效燕山訓兒曹
文章更好不登雲
已后不用问前程
終日嘲了走天衢
滿腹文章不濟机

丑三刻分

罷念
舍翁
商佳
鄉追
多旺

四柱生來最聰明
急忙收拾回家來
為人何不去耕田
聖賢言語空易得
運行庚子半吉凶
十年當業多成敗
算君只要壽延齡
身居官星財名遠
生運行來不為凶
家下人口多興旺

不可疊疊向前程
多借外木做營生
終日學堂枉徒然
敎得德也曾去耕田
也主喜來也主驚
苦交下運福自生
可比南山不老松
聰明仁厚有人欽
五年一運主榮興
福業增加百年馨

玉嗣平誰和討飽諸已求

命中八字好流年
欲知三子是何相
命中八字前生定
晚景榮花多福來
生時八字最高強
需知房房第三子
心下欲知子宮數
命中生來合一堂
八字命中早已定
道後晚年多吉利

晚來榮花喜自然
屬鼠原來又非凡
方知三子牛年生
家主憂思半途中
春光無限福無疆
三代祖宗沐恩光
三子原是朋來兔
運來榮花家主富
至小生來受辛苦
百事遂心一世來

正三刻三分

鮭暢
會果
山竘
正別

春草花開前定神
命該第三小兒子
男女宮中細推詳
此相合主第三子
堂前一枝丹桂果
今日屬馬第三子
男女宮中要推詳
須知三子是何相

天降生到汝家門
生來可是屬龍人
屬蛇見子晚年強
丹桂榮花自然香
雨露生春小龍作
好風吹送子規鳴
福祿盡通甚衣良
先天主定是屬羊

訟師　開良　預知　壽令　火土

人生天地無天理　子無后陰功大

先天數定已知根　方知三子次生身

前生造化命中定　若是屬猴果然真

八離數定最為靈　命該三子屬雞命

四柱為你前生定　男女宮中定主榮

乙未運中才氣豐　乙亥運中主安享

災厄重了未宮上　要得吉祥轉別宮

丁未運行不一般　上去不如丙子間

喜得定非丁字好　災殃定主不五年

正三刻四分

六合　辛意　風遂　彥彬

大運行來到癸未　癸水逢之喜吉利
運交下五未宮上　時下不順有憂戚
大運併辛未丙字分　初交辛字財自臻
未字行來多推過　是了非了兩相侵
男女宮中四柱身　先天數來無移走
堂前不用指猜月　方知三子是爲狗
今生有你來數齊　方知三子是扃鋪
果然今生立一子　晚景其餘總自知

已来風寅朱主来別

大運已未丙字分
未字之中多不美
大運行来到甲寅
吉星照臨甲字内
運行丙字主吉昌
交脈寅運多不美
運行戊寅到命宮
不美尽在寅運内

初交巳字財祿臨
若要災散轉別宮
也有吉来亦有凶
寅地之中災禍生
進有喜事滿庭堂
運轉別宮保安康
戊字財帛主安寧
轉過下五足豐盈

正三刻癸

來庚　木寅　丙馮　色皎

運行庚寅不一般　上五下五丙字觀
庚運至此多快樂　轉入寅地是非纏
大運行到壬寅運　壬運有喜財自添
先天數定已推就　憂愁盡在寅字前
甲辰大運來如何　上五財帛主安樂
若要交入辰位上　是了非了憂而多
大運行年到丙辰　十年謀為半吉凶
丙字喜氣來相照　作事不順辰運臨

可樂
澄清
成連
元合

戊辰大運見吉凶
求謀不通辰運位
庚辰大運有喜愁
先天神數來如此
大運壬辰主發榮
若臨辰位災殃至
大運丁卯常不齊
下五卯宮多不美

戊字財喜主安寧
過此方得福祿增
庚字尽喜不必憂
災殃禍患辰字投
壬字簇福財自興
雲收霧散轉別宮
丁字在命主安吉
破財主定禍不離

正三刻六分

合深
三雷
可樂
身中
頭次

丁卯之運半成吉
天喜進財丁運內
先天數定算得真
進喜求謀已運內
大運行宮到辛卯
行父卯位實福至
大運半吉在癸卯
卯宮蹇滯多不順
貴過名圖又折花
歲寒人事多惆悵

酉主喜來酉主戚
憂愁卯字惹是非
己卯大運兩不分
是非災殃在卯宮
辛字五年添財寶
若要通順別宮交
上五豐盈喜運交
過此方得是英豪
祿楊薄之正青霞
妻宮兩鳳卦黃泉

邵夫子先天神數　北部

酉刻

天與　恒豐　福祿　復與　友朋

四柱皆因前生定
打開子息宮中看
福多原來前生定
世代榮耀光陰好
何年逢之遇文昌
為受朱衣頭上點
推君八字有貴星
先天定主不差錯

推算命合八卦同
長子属兔已定成
此數算就定得清
長子已定是属龍
平地雷鳴姓字香
三十一歲占奎光
前世生來福與隆
長子定是属蛇生

月晚
廻通
但敬
廻盧
別處

松竹歲寒堂前景
清風明月為侶伴
申時與通在命宮
戌居州位為太守
此歲流年主不通
若是見方(官)杖數十
此命八字皆前定
子宮若得居羊刃
此命八字前生定
君子蔭襲金全位

長子居腰茂盛昌
折枝丹桂把名揚
腰懸玉帶受恩封
陞遷紫衣作三公
必定以吉多凶星
难免災殃入牢门
父是居佛同常存
合主如酉旺家门
父尊官居萬戶章
無非天賜祖積強

正一刻

精晚
謹產
權命
正西
月陰

未時生人名自香
職受官位主薄显
申時生人富貴強
先除職受居官位
長子偏虧命不長
煩惱不過七八歲
酉時生人命高強
威权八字皆生命
癸酉生来主不長
風送八九年亨到

命裡重逢福祿昌
后運升迁正郎堂
官星来照望高堂
以后升迁佐郎邦
黃菊衰草又逢霜
長吁短嘆泪汪々
君子生成名自香
職受官封萬戶揚
身處危險要隄防
一桃黃粱去路忙

正官

甫絮

冨大

亡神

萬鍾

運行流年子中求
金殿傳臚連甲第
八字生來先天定
總然也有得意事
命生夾時格局清
威重命显金艮第
船中漏水遇風掌
斷橋騎驢人難過
子時生人輔得君
紫衣萬戶元辰正

鹿鳴宴罷占鰲頭
万里雷鳴仕路通
此命做事不趁心
怎奈偏有刃攬星
福祿榮華自然增
運行用申又加陞
長子屬豬主大驚
三五空限風裡灯
皇封一定受爵榮
君行旺地又加陞

正二刻

食珠
在東
建祿
正印
陰居

父命原來属狗人　子宮属猪折桂人
八字自然前生定　官途以后有声名
亥時生來在命宮　天居福位祿重重
官受州衙為吏目　運至轉來又迁升
折桂須得鷄年來　禹门平地一声雷
若問金榜題名日　还向牛頭春早成
鹿鳴未遂等酉年　逢之定許折桂枝
詎奈登科不及第　只得龍年玉殿傍
世意相生主太平　坟墓占之喜獲龍
未山丑水子午向　福祿榮華模门庭

文情　炎凉　長珊　茂夫　根珊

身体占之最清高
妻賢子貴多福壽
君求財帛來何卜
目下求之也不得
陰陽推算你双親
向髮鬍鬚猶自可
数算花枝几枝連
父母生自居為五
立命戊辰在先天
九十年中零二載

衣禄豐足樂滔々
一世清閑勝朱陶
还得几日遲々来
心中莫要胡安排
堂上衣禄自然豐
手打心頭恨不明
姊妹排来不睦然
无榮无辱处高軒
无憂寅上虎歸山
斜陽回首泪淘然

正三刻

孤身 亨特 龜寉 盤益 廚考

八字推算主孤恓
已商父母見刑尅
帯酾荼花春色暮
妻宮定主屬馬命
丹桂堂上好風光
暮春定定知人穩妥
丑時生人文星臨
先合以衙為太守
此歲流年運不通
見官合杖三十板

此命尅子又尅妻
兄弟不以又分离
柳陰深處听蟬鳴
砂石金旺歲月停
子宮屬牛歲月長
雨後生春艸木香
名登金榜海宇清
玉帯堪腰近紫宸
合主身遭官法刑
免你身中禍再生

盤鼇
古南
体言
托殺
羊仭

八字前因前生定　頭面合該刑法刺
受罪刺字破其身　以后更改兇災事
丑時生來職位清　勅賜官居主簿名
初任縣內為領袖　也須英華后日升
丑時生人最清吉　運至先該做務官
晚年正遇着好運　職受正堂再高迁
長子局鴝主傷情　今日煩惱憂又驚
籠中点灯風裡过　應間兇灯命归陰
四柱生人主香圓　酉年逢之福不甦
折桂丕知及第晚　羊年始得錦衣回

初刻四分

遍道
亨安
倒屋
掃石
利出

八字皆因前生定
若得貪慾受辛苦
姻緣總是前生定
妻宮屬鼠戊子命
暮景堂前春光好
小景堂中福澤遠
亥時生人受陰陽
郎位能升州太守
此歲流年命不通
一自坐牢又笞打

張生憂愁為紅娘
不從災殃又一場
春暮花間蜂自來
霹靂火中自相諧
長子猪命自芬芳
一輪明月照東窗
間柱標名姓字香
以后升遷達帝邦
官事口舌主恐驚
財散人離各西東

同此
高善
倉要
遺吉
隆还

八字生来前生定
為官已知你之父
辰時生人最為良
戝受居官主簿位
你命八字卯時生
先除務官里戝位
天乙貴人在命宮
揔有刑冲已無害
一世前缘皆分定
妻宮属虎庚寅命

富貴宮通數内真
此命原来是舍人
录位重崇命自強
以後公廳轉正堂
福录崇華名自清
后運晚景别迁陞
加官進禄更豐盈
逢凶自有貴人迎
秋深茂花自相侵
松柏旺过這新春

初刻五分

神鸞

戶爭

力赤

相桐

同寧

庭前丹桂一枝茂，長子屬鷄画堂前

松柏同榮為侶伴，綠筍佳景蔭南山

酉時風雲合陰陽，文章蓋世映奎光

食祿居州為太守，以后升迁振四方

此歲流年運年通，一生災禍来相侵

當官管責數十板，兑你今年入牢门

问你令尊是何官，受戮在誅做百戶

你今合是官舍人，應驗天理皆相助

寅星合數降人间，姻緣之中你居三

數定一生衣祿有，進財生人二十年

廣九
精佑
縕命
月正
全屏

午時生人百事成
便當近轉為縣宰
命宮逢之酉時生
先除請職務官位
長子属牛几度春
蓄身不過三五限
戌時生人名显留
只因前緣今世造
甲戌枯木正逢春
七十七歲元壽數

仕路居官主傳名
以後官封坐正卿
世々榮華万朶興
以后升迁得運行
一場空驚暗消魂
春變殘花風裡灯
恩封職受万戶侯
威权高官得自由
一陣風急送歸程
月沉囬首一場空

初刻六分

偏才
東衰
知看
斗色
田野

大運流年上面宮　前程須見在從容
當此時該孩仙桂　除受县令再等陞
你在堂上種東瓜　空費工夫不開花
總然開花不結子　結子不成空嗟呀
春景花發一枝放　青松翠竹兩相宜
妻宮已丑屬牛命　霹靂火旺福祿奇
一枝丹桂放荣庭　長子屬狗在命宮
百年光景如春夢　孝子堂前慕玉容
戊時数定主棟樑　元端功業日照彰
天恩食祿州太守　以後陞遷振天邦

宜足
改民
顏陳
遂吳
寧平

此運命年要星臨
君談牢獄杖四十
命中八字前生定
你父敕封為官職
巳時生人命長榮
迁職居官為縣宰
姊妹長短各自死
前緣數定你居三
戌時自貴可榮請
運至先除務官職

破財惹氣遭尔身
免你行年災禍生
陰陽推算定然真
原來你是舍人身
食錄居官主簿名
后運別調又高陞
父母相生莫推為
清雅之中福自遺
此命文章有官星
以後職高別迁升

和和利七分

亡紫
天宮
成夢
東所
紫貴

一樹花開被風折　長子屬鼠命難逃
虎豹崖前山一位　雨打灯花泪滴々
亥時生人有將星　福祿高位長陣營
命將執掌黃金印　万戶職位顯威名
乙亥生人命難逃　回首西天年壽高
七十四歲歸浮去　平生限到歎氣効
先天數算八字真　陰陽推算似有神
此命你有夫人命　夫男為官管万民
行年小運犯喪門　口舌相侵病纏身
見官必定杖數十　免你今年入牢門

吾朝
在此
大敗
吞末
民去

酉时生人主文星　官受主簿在琴堂
若得福禄重迭貴　運至升迁名自揚
午時生人自清高　祿位榮花上九霄
運至先居務官位　后運財祿遲英豪
此運生人大敗星　家事紛紛定伶丁
君子若不祭星斗　祖業田庄賣他人
長子兩馬主生災　几傷唯喜几場哀
春後殘花秋後艸　不过三七命難推
未時主人格局清　八字生來有將星
戚受官爵封萬戶　腰金品位振边庭

初初刻八分

角賢 否聚 德恭 詳郎 福及

辛未壽筭天然定
臨危原到中秋月
此命運行主旺財
君命若逢交未運
死安百年終緣好
妻宮屬猴丙由命
人生世事如春夢
玉果堂前生桂子
未時祿位樂青光
官居州郡為太守

當年七十一歲零
回首黃泉一夢闌
前生西去又東來
一生快樂永無災
安穩蘆花水自知
山下大陸可相似
長子屬羊永自成
一枝丹桂許君榮
歷受官封鎮四方
后運亦迷名自揚

番令 祿晝 食神 又是 远尽

此命口舌在府干
告狀入衙多有理
數朵梅花正連芳
姊妹排列你居四
年年逢之遇文章
鹿鳴宴罷歸家早
八字一世前緣定
須知官是君之父
申時生人主貴人
更兼祿馬身榮貴

官事陳察審几番
律斷后及你身邊
富貴窮通各自忙
長短之中任意强
平地雷鳴姓字香
御筆親除一郡邦
先天數算如神明
原來你是舍人身
敕賜官居主簿名
運至別途又加俸

和和列九分

廸盧　鉄蛇　恒山　低奉　傷官

命宮廸盧福神星
一職先除務官位
長子屬兔主身災
海內行舟波浪起
申時生人主風流
八字命宮多運会
注定壬申才劍鋒
限至七十五歲壽
流年遇如喜科星
扳桂荷沐文恩重

八字生来未已榮
后運得轉又加升
雨裡灯花風又來
台前古鏡堕塵埃
平生運限此三秋
此職官封万户候
自盧身險危處逢
回首当年一夢終
功名從此日漸升
仕路行来显威名

大歲
雲嬌
赫退
此趍
趍貨

此年宅工新修盖
若是家门無实难
春到一枝花頭発
妻宫房兔辛卯命
此年小運無未交
官事已定打数十
此命生來数定真
夫男許你受官戢
戊時生人格局清
戢受官居主簿位

起工動着千斤神
小口也是不安寧
满樹李子更芳林
松柏木旺百福臻
今歲实禍总能消
免你今年难逃命
八字天申望你裁
儒婦同贈命安排
財與官旺福無量
甲馬升來名自香

初初刻十分

詳研
魁根
角太
璫引
功陸

你命八字已時生
食祿先除務官位
長子属蛇命主別
花正吐時遇風雨
八字命宮午時生
五福才旺職官显
良午生人几度年
寿至七十九岁上
推算父母有積陰
二公百岁高堂上

貴神正照福九重
甲馬升來名自清
月正明處被雲遮
嫩菊被霜泪不歇
富貴食祿祖宗功
官居万戶領大兵
大限已有數珊瀾
一枕回首夢歸泉
生下兒女孝双親
白髮上頭又少春

居監　度細　引公　遺金　三同

堪羨園林桃李盛
妻宮丁酉屬雞相
月到中秋影不移
一日双親同聚会
年時儒冠換紫衣
我居卅主為太守
八字之中有貴人
上人見喜加官職
巧好話言端然貌
命中合主夫人誥

重山艸木亦青存
山下火旺百年春
長子屬馬自肉(因)時
堂前丹桂發新枝
文章九万躍天池
后運升迁達帝識
人若逢之永象深
更主晚景福星臨
夫主已定做高官
重逢前世珠翠冠

初刊十分

菴粉
甫遲
天然
思大
秋声

亥
海時須逢大貴人
命中初任為县宰
辰時生人身貴閑
戌就先除務位宫
長子属龍主大驚
晚日西沉难見影
巳時生人主威光
若遇運至寅申夾
甲子属鼠河中金
江也鴻呼寸間首

录位重迁主簿名
后轉别位又高升
命主荣華必双全
后運重如别升迁
時来灾禍不离身
春后残花一命傾
初分領袖位高强
勅賜宫录美尹幸
寿至七十五歲间
夕陽落后用淹々

逢破
鳳棲
盤盂
神坐
秀吊

珠簾不放燕空舞　松柏堂前青又長
淚眼汪汪時時淌　過了今年壽外亡
笑指死央浮水面　芝蘭茂盛花從開
妻宮屬狗戊戌命　平地木旺福星來
三元神數定的真　姊妹你居第之人
一生衣祿平穩順　早主不遂晚福臨
黃金白玉未為貴　有財無子不名揚
暮景堂前春光好　長子屬蛇自清良
己財生人福多強　威振百里一郡邦
宜居州主太守位　后運升遷海外揚

初刻十二分

七剎　賞戌　会引　勾檢　条村

長子属猴喜人驚
春后残花風裡烛
郊財生人武藝揚（强）
祖宗福德原增厚
大限丙寅寿年裏
七十二歲空回首
此命狗攙主凶運
别人相爭惹下事
数中定要訣居長
五行定有殊〻在

不过三五遊水東
思量無計命歸陰
威武猛烈鎮四方
戝受官封各自揚
四季蒼〻風有闲
一枕黄粱夢九泉
時常口舌闹喧〻
軟弱強把你来盤
一生心強命不強
為人骨肉少情腸

龍果　庚炯　祿尽　膽玉　輝舍

圍〻明月下雲端
妻宮屬竜壬辰相
一輪明月照西東
西陽一段風光好
卯時生人貴可詳
官居州郡為太守
小運行來不甚通
見官不下四十板
問你父親何戚分
父子戚風前生定

恰是嫦娥離廣寒
長流水旺北松堅
長子屬兔在卯宮
暮景堂前自芳芬
独步蟾宮丹桂香
后運升迁達帝和
此年口舌在命宮
免淂实纏禍事生
腰金紫衣显耀名
交君應襲露官星

初刻十二分

應會 丞戒 惟昂 細言 勤傷

卯時華蓋文主星　官管主簿最清瑩
也須富貴為豐寧　運至升迁正堂中
此命万户君能領　積德皆因祖上生
正居寅時生的貴　高陞戚位鎮边庭
丁卯年中炉中火　大限寿数定难逃
七十年來零一歲　黄梁一枕赴陰曹
問你父命屬狗人　子宮屬牛正相親
同居一世前緣定　以后合主百福臨
此命流年運不通　行走出入遇凶星
錢才好似入劫辱　隄防賊盗入宅门

番升　花本　洞停　應正　三妾

竹簾不放燕空舞
妻宮癸巳屬蛇命
楊柳丹〻遶畫堂
四野成風主凜烈
寅時初刻貴自昌
凡番蹭蹬望求位
數定行年在命宮
見官必定折三十
八字生來前緣定
身上主定清刺字

芦花深處雁双飛
長子水中一枝梅
長子屬虎聰氣昂
门前竹影自清光
州居太守近清光
以后升迁紫衣郎
此命今生運不通
免身不使禍來侵
今生見官定遭刑
以后無事可安寧

初初十四分

倉從　已及　明計　六害　金進

寅時生人富貴香　若能脩成富文章
運至受戌為主簿　久后升遷名自揚
數內文章最貴榮　家門福祿主峥嶸
食祿先除數官位　才自豐盈百事成
寅時生人官星显　家門福祿主峥嶸
戌位先除數官位　日主榮華后運升
秋后衰草遇嚴霜　長子屬羊主驚慌
疾病不過五六載　草上寒霜見太陽
你命格局辰時生　勅受封官承位榮
威風萬户人欽仰　帥府統領掌甲兵

晶亭　因傷　掃古　度量　嗣鶯

乙丑命屬海中金
更逢凜烈冬三月
此年莫与陰人鬧
二人講話同商量
姊妹之中分長短
若逢(非)出家為領袖
花發桃枝正和暢
妻宮乙亥屬猪命
一枝丹桂凌霄(柳浚劉)老
兩后松柏人〃(嘉)羨

七十一歲壽已深
一桃南柯命歸陰
內有陰人說是非
時間月下有实晦
內有一个無夫男
必定宮中樂清閑
鶯声燕語主成双
方得偕老地天長
長子屬竜數定真
玉景堂前福星臨

酉刻十五分

寒天
用中
多永
椿屋
諧看

辰時才旺衣还元
身居官班亜清闲
流年八字前生定
合主刑傷三十板
已已寿门瓊台路
大限到此难逃避
家中宅内有邪神
合主神破為凶事
菓水双蓮花発處
妻宮乙未屬羊命

居州太守位重过
后運升迁在堂前
灾禍口舌惹現交
官捧加身禍自招
限防又十九歲春
一枕南柯命帰陰
産婦上门主不寧
此年煩擾在门庭
白頭活計报君知
沙中金旺得相宜

坤斗　緜林　冠吉　賴體　道別

丹桂冉〻逢夜雨
震宮長子是魁相
子時貴子兒文星
此職官封為太守
此歲流年運不通
更有官事重〻見
此生八字先天定
兵然前上無剩字
子時生人數定清
初任職官為縣宰

園林蒂地叢〻美
東風吹定一枝梅
恰逢正印數相通
以后高升作公卿
口舌相侵禍事生
決定累錢臨你身
会主今生犯罪刑
定有帶破后安寧
勅封官居主簿名
以后運至又过升

正一刻六分

原因
几失
打地
刼殺
十一

先天定命不可移
后運升过正堂位
子時生人最清吉
稅君務官才旺地
先天神數定的詳
虽有二子先天定
長子屬狗命長生
一陣实难一陣禍
八字原来注先天
数定三人係居二

暫居經歷榮其身
老来知州轉家門
更遂官录主貴強
后運再轉別位長
子宮数定非虛揭
一子送終百年香
半夜行船遇大風
不過六四命归陰
鴻雁行中不一般
任命長短五行運

貴太
地尽
雜氣
独無
箕丁

丑時生人是英雄
官封萬户為將首
雁行独無过長江
雖有兄弟尽剋去
科星出現在西宮
開堂須記归家早
空中鴻雁望瀟湘
就有兄弟不得用
五行秉教子息宮
土木相剋先已定

掌領家给有千兵
馬到烟塵平定與
數定孤身独自強
此數四刻定得方
定主奎光第一名
但得毫章更飛騰
孤身一个甚高強
他年二子送終場
金水見即閏月生
水逢土制定主刑

正一刻七分

右前青衣主宜有天结口

乙巳大運兩相爭
運交乙字多通順
先天運到入泮宮
若得朱衣是時照
丁巳大運日將明
上五年來亨通利
天定造化富貴連
黌宮遊过聲名遠
大運行來到癸巳
初入癸水多通泰

上下各自定分明
巳字行來是非生
竜行快日上九重
三十八歲點魁名
陰陽火分各超情
巳火破才不安寧
登雲步月到廣寒
三十九歲點魁元
火水既濟分兩嶺
巳字運返日又晦

顏星
半言
朝夕
有言
成就

性傲文人主清高
皇天不負勤功苦
運行辛巳吉半分
辛字行來多順利
聰明之人近聖賢
異日文章開四海
巳已運中事不然
初交巳字安樂過

雷霆當寬時二旁
魁星四十戌條交
災禍相尋臨下五年
巳火逢之不安然
五福迎門真可羨
四十一戌魁一點
前后分拆兩字間
憂愁盡在下五年

正一刻八分

成就
奉名
兩宜
頭高
喜天

大運行来到甲申
申字行来是非至
喜游當年生身人
時来運至魁星点
大運相交到丙申
是非若到申字位
終日寒窓対賢聖
要知此身折丹桂
戊申之運安且吉
戊字行來通〻順

甲字之中才祿臨
轉交別字喜自臻
光前裕後显双親
四十二歲方趁心
丙字火旺才祿炅
忍耐相守免憂心
雪窓螢火有几年
五十一歲点魁元
上下各分兩不宜
下五年来有憂戚

明月
遇面
勞碌

八字生来最超羣
四十三岁方遂意
運入壬申半青山
下五不美多蹇滞
為人超羣志氣高
四十四岁魁星至

科第一点振家门
不負少年一片心
可喜壬運積玉金
要潯安穩檮迁中
门庭光耀显英豪
且發蟲山剋兇曾

正刻分

庚有
路福
君還
終来
丙吾

庚申大運行丙頭
喜得庚字五年美
最愛泮池文星显
蟾宮非遠終須到
今交大運到丙戌
戌字五年多不順
鉄硯磨穿望功名
火坐書房溫經史
運行甲戌才祿添
戌字主定破才事

也主喜樂也主憂
破才疾病申字愁
窓下几載未曾寬
四十五歲申魁元
初交丙字安且吉
過此方得祿福齊
寒窓苦讀自用心
四十六歲奎星灵
甲字進喜主運綿
交過下五年方安

黃分

喜元

風花

中秋時節雨紛紛
久讀窗下無人曉
大運戊戌上下分
進喜求才戌字上
貴造八字定稀奇
男兒若奮題橋志

魁星若點定超群
四十八歲顯榮名
喜也臨來慶也臨
行到戌宮是非侵
奎星來臨定不虛
四十七歲未為遲

正二刻十六

過面 文臨 要字 喜定 貪狼

大運行到壬戌宮　壬水逢之才自生
戌字之中多不順　下五年来事不通
八字生来奎星光　命主文章月漸成
若把功夫加百倍　四十九歲古科名
庚午戌運中事不然　閑是閑非自心覌
交入庚字安樂過　戌字行来实稱運
科名出現在何宮　文星若至第一名
滿堂桂花光陰好　三十二歲遇奎星
滿腔忠君愛民心　竜门萬丈志难伸
命元帯祿次援例　納粟成名甚清貧

堂倫
順境
陳祿
任才
羊春

人生數定富貴運
運至定中魏科甲
初出微職皇家官
運至行來荷天寵
何年逢之遇文昌
為受朱衣頭暗點
大運流年喜相逢
當此時該攀仙桂
四柱生人主香劑
先天神數定如此

文章滿腹未得時
五十歲上換紫衣
何妨牛力且試端
三錫鴻恩轉知县
平地雷鳴姓字香
三十三歲點魁元
前程須見在從容
三十四歲點魁名
此年逢之福不虧
三十五歲點首魁

正二刻泰

遠仲

官正

青衣

鹿鳴逢之看何年
可喜登科在此日
運至流年名可求
文星煥彩天然降
蟾宮折桂看何年
鹿鳴逢之定主攀

定許蟾宮折桂攀
三十六歲點魁元
鹿鳴晏上任遨遊
喜逢三十七歲秋
可喜登科在此日
三十八歲文魁來

邵夫子先天神數 中部

双在

金玉

体云

箕子

斗丁

此刻生人主荣昌
堂上父母最吉祥

双親一定松栢寿
一门喜氣得安康

此刻生人志氣剛
兒郎金水不損傷

此相定知难保守
不送帰山不是郎

狂風驟雨草凄凄
花开枝頭果見稀

金命妻宮水命子
生在閏月方是吉

五行東数子息宮
火命兒郎倒月生

土木相尅数造定
水遭土制定主刑

人生禀命天地间
堂上双親百年安

父母寿如松栢茂
舉案齊眉舞班斕

正一刻

青錢
識秀
至丁
米水
爭分

喬梓人二已栽培
若到子年食录米
人生是羡泮水遊
月殿有日終須到
數定水命子不刑
若是犯着土木者
春風桃李乱紛〻
泮水有路終須到
五個姐〻各長短
兩双並立在世上

聖賢經史用心推
臘尽寅回占元魁
芸窗幾載志未休
若要淨嗽向鼠求
閏月生人最興隆
趂尽枝頭果不成
數載芸窗苦用心
鼠尽牛頭名可成
一人早去見閻君
各自立家各自忙

風天 鷄申 占卜 訾文 瀛洲

出乎其類拔乎萃
藏修燈火於林下
贊嘆人生不由己
若是土木方存住
長空鴻雁作羣飛
前生注定你居六
四柱生來福祿綿
遇牛交寅到卯位
卯歲秋深丹桂發
若欲金榜題名日

數定廩粟歲在未
再行子午風雲会
児郎只在納音求
别相應知不到頭
兄弟行中望渾溪
萬里風雲一鶴棲
功名顯達可立辨
步蹟泮宮喜相連
辰未二科勾絞連
玉殿傳炉在戊年

正二刻

茂松
逢有
氐丙
東言
君兮

胸藏錦繡望扳蟾
登雲步月分內事
演星神数不啻情
若是別宮难存住
五行得令秉中和
数定父母齊眉壽
只恐尅父其寔难
金水夫主不刑尅
一賴祖宗無不達
雖然未遂凌雲志

名馳泮水身着藍
先食廩祿在戊年
兄郎火土得安寧
昆玉金水可永終
堂上双親俱安樂
松柏南山人自歌
一時八刻不一般
子宜水土閏月间
可許瓊林並雁塔
申歲食祿尽可誇

貪節
佳之
玉名
吃鳴
言賣

孔怀之中多兄弟　手足排連是天然
父母生你居第五　無辱無榮處高軒
天生富貴造化連　登雲足下志高扳
欲知黌宮何日到　歲行卯位拜聖賢
演星合數到人间　兄弟之中你為二
數定衣禄一生有　末景之中廣田园
三元神數定得真　兄弟你居第二人
一生衣禄平和順　早年成敗晚年興
八字生來最超群　泮水馳名家声振
流年方到辰位上　定入泮宮謁聖人

四三列

希鳴
井癸
志高
表賢
日朴

神數算你定居長
五行造就有兄弟
綠水相連花發處
金水相成夫主命
為人超羣志氣高
芹宮有路何時就
性傲伏義主清高
欲向芹宮何日到
文章有骨秀屏風
韜光暫落卯困地

一世為人性剛強
為人憑天財自香
白頭活計定可期
火土相生不差移
先顯門庭是英豪
竜頭蛇尾定逍遙
雪案芸窗未遇遭
馬尾羊年樂陶陶
筆走竜蛇鳴則驚
先欽粟米酉年與

庚云文石成
數秋昌揭齊

絡日寒窓對聖賢
不怕文章高天下
十年寒窓苦用功
青雲有路何時到
棠棣花開正建芳
兄弟排列你居四
自從儒門進步香
他年鹿鳴少听歌
四柱生来是縉紳
只因犯着硯台煞

要想月中丹桂板
遊泮一定到羊年
金白水清福自通
猴去雞来入泮宮
富貴窮通各自忙
独擅同胞把名揚
文章山斗豈尋常
且到馬年稟衆帮
少年合該步青云
請人解破躍龍門

初刻四分

國血

冬成

年歲

土足

節墒

烏頭早度泮池春
博學頗晚來成器
十年寒窗苦用功
朱衣何年把頭点
滿腹文章屈未伸
欲覓功名何日有
數定阳阴最為强
母親兼養是鷄命
欲知双親是何相
屬雞方知是母親

遂志高標更出尋
龍年暫做食粟人
禾明火秀始亨通
雞鳴犬吠入泮宮
文章屢拔不遂心
步踏蟾宮亥子臨
父是屬兔命主良
合主家道永盛昌
父是屬兔家道陰
父大母小樂無窮

歲至

毓秀

小誠

為仁

文明

聰明之人近圣贤　終日誦讀志高枝

朱衣点頭自有日　雞去狗来方有緣

玉骨冰肌誰與儔　占此顏色在枝頭

逢蛇進爵為小補　声名归到鳳池遊

数合先天理最微　異父同母貴可知

未生福祿添財宝　大運逢之主大吉

數中算来最分明　箕裘世業立汝身

六韜三畧胸中藏　大轉元戎在卯宮

先天神数算已定　五月前后運大通

君子順利當出入　不必掛碍在心中

庙古
自太
公引
苦節
先天

寒窗苦志歲月深
補廩食祿在何日
葵花生成葉更青
數定其造你居二
此刻生人婦妹少
八字定就你孤独
原來屬牛是妻緣
費盡操持难立子
無関無煞喜少年
入運方知此命貴

時而未遇意沉く
虎頭城裏急相尋
婦妹四人定不同
長短不齊各自門
算定二人一亡早
神數之理人难曉
冬后花開結子难
若不再娶枉徒然
有災有驚不成戀
祿福榮花壽百年

器辰

方磨

由舒

主最

庚子

蛟龍不是池中物
養成鱗甲上天衢

如年初得食祿朱
值酉可許着紫衣

婦妹之中最為良
數定二必早死一人（人各自強）

註定居一該為大
一命原來任勞苦

三双婦妹生在世
數定必早死一人

戌家五人各長短
內有一人少見孫

三元數內定夫宮
金木二相不相刑

流丁惟喜金木子
內中定有紫衣榮

今歲秋天定有喜
不入鸞宮難獲麟

出入謀為皆遂意
合家大小喜欣欣

酉刻六分

山川

圭瑋

中秋

名成

鵬程

戊年已過到亥宮
吉曜桂枝冬自昱
官星轉到剋辰宮
過過〔辰〕辰遇巳方無阻
虛名虛利久沉沉
一片彩雲秋后至
千里重逢造化生
波濤風月此間在
錦心繡口念文章
雖然未遇風雲會

此歲不必向高登
幫增補稟大峥嶸
此歲逢之爵祿增
渠穩泉林太平春
祿馬當喜自來臨
貴人接引喜重增
功名神助豬狗逢
成就何須心喜冲
養成頭角得飛揚
先喜丑年食祿糧

代体 野象 度麻 賽甲 江子

格局官禄州官位
此命原生在巳時
大運行宮子上遊
五年無蹇加官職
戌時初生禄隨身
恩賜官居縣丞位
午時生人樂灵丹
外料更制百般草
戌時生人主風光
富貴双全家業盛

職受連錦爵禄高
紫衣束帯立朝班
官星透露不須憂
衣禄蒙天賜与週
兼全荣貴反等倫
以后升遷紫衣臣
醫者方脉妙劑賢
通教良方自古傳
耕種田地有餘粮
荣華且達置田庄

初刻七分

昧泪　恒山　福生　流殿　用才

戌時榮華可清閑
運至升迁紫衣位
梨花開放正春光
數定居三是此命
娣妹三人望天涯
數定一人歸阴路
戊辰大林木正旺
騰雲起霧真龍相
亥時生人有閑福
役滿吏后官星显

先除文軒做教官
步步平地上金鑾
娣妹三人喜氣揚
長短不齊各自强
只落一双各立家
黃泉路上卧黃沙
定你才錄自然豐
五方與旺處處亨
威從內中有权謀
迁除人間把名揚

低牛
玉鉄
向柳
水湖
賢者

人生丙申向寿年
大限風送殘花老
経雨望波外央波
妻宮屬虎甲寅生
自古傳受神農道
方脉神手能調理
酉時生人自清吉
倉庫豐盈牛馬旺
酉時生人最為良
受命先除教官職

行来七十九歲难
几番湖湧浪裏船
姻緣配對喜系羅
大溪水旺無移那
存心別拔採藥材
此命時辰生下来
庄戶立身更双全
福祿榮華自然安
若能修斈念文章
運至陞迁府倫堂

初刻八分

遮民

貴太

同良

奇伺

提柱

辰時生人旺自閑
官封職守州郡位
嫡妹三人最吉祥
同父同母不同心
八字無冲大吉祥
數内兩人一日死
已巳年屬大林木
一堂同庭生喜氣
戌時人生命更通
君子六身都管業

富貴榮華自然安
運至陞遷別官欣
數算比命最為長
祿厚祿薄各自强
父子原來同屬羊
陰司路上泪汪々
貴才暮運有餘粮
人后必然好衣祿
刀筆如山詞狀供
做滿后運有官星

灵昂　澄恭　戲波　几居　坐粟

人生丁酉壽命長
七十二歲交空限
休疑姻緣難成事
妻宮屬牛癸丑命
大運行宮在丑边
君子加官並增戝
注定丙午天河水
荣華前世在今生
申時生人百福臻
倉庫牛馬粮來旺

月影一声振寒江
几声回首憂夕陽
豈期風影紛瀟條
桑柘木長生畄畜
望大貪高遂心田
何必憂慮受熬煎
命宮屬馬自安美
放方知此命由天定
在農耕種自土興
庄田廣有忠孝心

初刻九分

床送 月正 移朱 廸道 英清

申時生人最高強
先除明倫教官位
五行四柱定淂真
數定為三居此命
莫怨姻緣配羊妻
佳人一定難為子
姊妹原來是四个
三个成人各自立
四柱生來最吉祥
算來定作龍湏波

主定榮華顯文章
后運升迁在縣堂
姊妹原來有五人
長短不齊命中存
先天造就豈那移
生子不成主悲啼
一个陰司作鬼魂
長短不齊由命分
嚴親不用苦着忙
待成羽翼奮天堂

臨奉　水造　唓喧　見良　遜成

已亥逢春桃李放　豈期一夜雨知寒
七十三歲南柯夢　夢入黃粱下九泉
数中定君好姻緣　妻宮屬馬不存男
雖有妻子不得濟　生子不存主悲慘
寅運五年発重華　君子加官事趁心
猛虎入山增智胆　蛟龍到海換鱗甲
注定乙巳復灯火　前生万載修緣果
原來此命屬蛇相　一世榮華無瑣瑣
卯運五年不須憂　亦增天祿亦相酧
加官進戝人口旺　福祿重享添万秋

候芦
天营
吉星
伯宰
府扶

酉時生人主功名
一门荣貴生高位
坤造生人个居六
算來姊妹是三双
枉費心神是徒然
屬狗佳人不存子
数逢辛酉羊土命
门庭紅日雲间照
申時生人曉文章
招稿口詞俱親手

除戚官高做县丞
后運陞迁别再升
五个妹々行居長
原來同父亦同娘
妻宫命犯空亡阒
生子夭亡惹悲惨
逢之生光花自香
身位显荣福自强
身居典史有权房
后運迁升把名揚

房昇　桂看　陸一　庶德　秀根

天定戊戌是何年
歲至年光七十五
化央経兩奔蓮池
妻宮壬子属鼠命
一朵梨花粉粧成
五湖四海多兄弟
卯時生人旺象多
民陞迁受州郡位
注定生人甲辰命
正是属就年中長

豈知一夜送帰还
南柯一夢上九天
指笑揚花婚配吉
桑柘木旺在籓籬
可期六子在林中
月移竹影陡清風
君子學藝最精明子
官星並達福祿臻
皆因復灯失旺生
運至晚景自然榮

初刻十六分

知會
誌周
風德
古太
恩奧

運行辰上喜重添
增助多有吉星照
此命八字無刑移
既受官居縣主位
行止公明醫道林
神針法炙当生活
属猴為主才帛旺
定你命中壬申相
未時生人主亨通
此命公门為典吏

天賜旌表又加官
仕路重迁美少年
推你正是申時生
運至加升别刷名
採藥諸般嘗殷勤
只因卯時合生成
八字原來定的真
相生納音刀劍金
原來都是一身荣
設滿福祿更亨通

惟奉
乙義
唱曉
本咸
盖知

若逢乙未命中定
七十年中是大限
鴛鴦一对望江湖
妻宮乙卯屬兇命
大運順後轉巳宮
一门無蹇入口旺
命中八字寅時奠
君戢当署知県位
命中戊申大驛土
数中定你屬猴相

此日归空离家緣
一夢莊周卧九泉
白手成双得自如
大溪水生福又餘
咫尺高迁仕路遂
福祿荣華百事亨
格局主身應有官星
以后運至別迁陞
清光萬載無移走
福氣臨门配古今

初刻十二分

交根　童星　余有　隅有　福弄

午運五行主大貴
加官進職人口旺
未時生人身主榮
榮華落在天宮裡
未時能識諸般艸
攻病能破良方正
未時生人福祿强
牛馬成羣人皆美
未時生人兩俱全
先授教官清高位

富貴功名是榮華
一運逢子百倍加
勅賜為官做異函
運至清光廷正明
存門医道濟人材
料灵脉明制度来
耕種田庄有餘粮
子孫兩全與有名揚
福祿权高貴可知
后運陞廷郎府裡

祿昂　金進　性要　庶民　祿命

清風明月甲午年
八九若還身惱處
數定姊妹花枝均
先天宋就你是三
未時行宮末上臨
五年重運人接引
丑時生人命旺清
重迁重轉重富貴
命為己酉大驛土
此命原來屬鵝相

梨花開放此日間
一枕黃粱夢上天
八卦合成是六人
長短安排五行真
官星不意有高升
增職加官人趣情
此職官封州郡位
運至加官福祿陰
依然數定無移走
一世福祿更久長

初刻十二分

昊通 门宗 歸見 申立 何哉

大運申宮得安康
五年無蹇家產盛
午時生人數內藏
食祿官居甚丞位
已時生人貴隆亨
醫經別業問妙劑
午時生人自興隆
倉庫盈滿牛馬盛
午時生人貴祿香
先除教官明倫位

福祿迁升喜氣添
累積陰功培善緣
才幹兼全近清光
運至迁升轉正堂
採藥醫秘必聰明
效驗入法是脈經
耕種田庄有餘粮
財旺人旺家道昌
若能修學富文章
運至升迁是正堂

賞戌　允恭　開華　秉容　榮歲

姊妹之中定数真
此命之中該為長
人生有子皆緣分
屬兔佳人難存子
運行酉上喜重〻
仕路無阻人接引
命中格局子時生
鬼(皇)是必居官祿位
枉定庚戌鈒还(環)金
一生命裡安排定

必定五人同双親
富貴貧窮各立门
生子夭亡命归阴
妻犯神煞空怀孕
誰信此運显官星
富貴榮華莫言凶
食祿官封州郡任(名)
運行丙運必迁陞
此命定是屬狗人
五福迎门出高陞

初刻十四分

壹清
餘其
末本
種耀
神生

巳時生人貴來遇人扶
是封勅賜出丞位
寅時生人定行医
救治諸般寒熱症
巳時生人最吉祥
富貴榮華人皆羨
花正吐時清風雨
要宮屬龍丙辰位
子時生人最超羣
先授教官明倫位

官星正照貴清光玉壺
運至榮華又轉升
方脉神灸必心內慈
針灸誠滑妙灵丹
耕種田庄有餘粮
牛馬六畜自成行
夗央交頸可成双
次中土旺合家成
更遇生官祿貴神
中黄登雲運至升

基立
良坐
辰用
福祿
面善

命逢癸酉劍鋒金　春光萬物自發榮
屬雞自然多吉慶　万載福祿家道隆
先天數定配姻緣　屬猪妻宮不長男
空有好花不結果　結果不成惹流連
馬命庚午路傍土　百年光陰福自臻
此命前生安排定　福祿榮華自清春
午時生人更聰明　福祿令主一家榮
此命與吏有名目　官居自边祿位通
大運行來到戌宮　君子加官事趣情
五年重逢人接引　若積陰德子孫興

丙刻五分

分昇
陳現
貪玩
奉合
継田

八字推你自榮貴
勅封官祿州郡位
命主辛亥欽環金
恩德福氣才祿有
命主亥上得行吉
君家五年官星旺
辰時生人福自清
戌封官居县丞位
丑時生人廣積陰
炮煉仙藥長生物

此命推你亥時生
戌受榮華显官星
原來屬猪是本宫
時來運至遂平生
先天定數已先知
富貴双全子更奇
正与福星並肩名
運至重加别再升
傳授神農法更灵
普救人间万姓名

許洧 時瑞 春雷 長晚 支奇

辰時生人最榮花
富貴双全牛馬旺
命宮正遇丑時生
天賜先除教官位
几年栽樹望乘蔭
空有好花不結子
命中定你生辰時
一生一世安然美
巳時分宿望高登
主司文宗皆经手

耕種田土有餘料
五福迎门晓運加
文章登葉甚聰明
后運升迁作公卿
猴命妻宮犯凶星
縂然結果亦难成
甲戌山頭火君胎
數内犬吠笑顔開
自為典史甚滄权
身在官处多從寛

一刻六分

平期
元巳
非許
守地
稟因

試问癸巳寿年終
大限年長八十五
卯時貴祿見文星
敕封賜官縣丞位
子時生人命主医
外科識得諸般草
卯時生人耕種田
倉庫增盛牛馬旺
人生若问向姻緣
妻宮壬戌属狗命

逢蛇遇犬送归程
辭世回首一場空
恩光重逢數相清
君到后運又轉升
傳授神農採藥室
神針法灸濟人奇
富貴双全子孫賢
五福迎门家自安
却是花花朵朵鮮
大海水上却成緣

倫趙
伯仪
緣成
章先
文有

寅時生人大吉星
奉敕先除教官位
数定妻宮緑分殘
揔然生子也难濟
前定姊妹有四人
先天定数居其長
算你奉命運張仙
属狗前緣定此命
辰時生人文星显
君今主掌六房案

大乙执卷承位豐
運至升迁達九重
一世安然不生男
属鼠佳人枉徒然
一父一母有異心
姊妹花枝定不羣
乙亥山頭火主堅
一世榮華滯自然
書寫刀筆為吏人
戰官掌权管吏民

一刻七分

低昂 生嘩 享余 中和 双任

借问生前年寿龄
清風明月七十四
酉時生人有貴臨
命令自居官衙内
姻緣前世未曾積
丁巳妻宮屬蛇命
酉時生人是新春
心存良医扁鵲妙
寅時生人更有福
在田耕種牛馬旺

自慮危險有憂驚
一枕黃粱夢已成
官封文案吏業成
役滿之后再迁升
再被南風亦未清
沙中土旺月光生
行道全憑灵丹妙
功力以展似神仙
富貴榮華方棲录
倉庫餘粮更增祿

陸倩 宦岫 金烏 空閣 算齋

卯時生人炉中火
官封先除教官任
丁卯炉中火內生
重義輕才多慷慨
八字卯時全無逢
文案蕭曹臨后遇
註定姻緣許多年
佳人雖命虽有志
運至辛卯寿年难
七十三岁如春夢

戚迁郡伯明倫堂
以后升迁紫衣郎
屬兔原來定的真
宗遺三代尽良人
君子当有律会書
運至更有别升迁
妻宮命犯空亡閡
犹恐生子枉徒然
運限只恐魁罡星
一枕黄粱归佳城

一刻八分

期第
木瓜
火申
申雲
嚷敬

一对尖处交頸处
妻宮属馬戊午命
此造降生在人间
摠有阑煞虚驚处
八字未時生人貴
勅賜宮居州宦位
雲间万里明月处
妻宮癸亥属猪命
注定癸卯属兔命
立命前世安排定

何須世間向洞房
天上火旺照奎光
还志三五七岁連
吉星化解自然安
格中局命必有权
運至又必轉升廷
鴨驚紛了渡地床
大海水中自年高
天然独是金泊金
榮華一世福自臻

端豈
水階
絕喪
恩本
太初

丙寅定你炉中失
清光福在今世中
夗央飛入碧潭溪
妻宮乙未属羊命
先天定就好姻緣
空有好花菓不結
姊妹行中最為良
先天定你居其二
寅時生人福祿全
八字自有公庭位

属虎原來是本命
美滿好似鮮花朵
月到中秋雁南飛
己亥年中段门庭
童命佳人不生男
揔然生子也枉然
三人高低任命強
富者軒昂貧清高
合秀原來郡太初
衙门進身有清福

一刻分

祿引 正酉 膏肓 太郎 新春

庚寅寿数正憂心 大限七十二歲上 五行四柱前定真 乙個姐〻自為妹 此造生來也無妨 待过三四八歲上 酉時生人最清闲 戚居州衙迁升位 前生壬寅金泊金 屬虎時運為君命

正好榮華福录侵 不覺黃粱夢沉〻 姊妹二人同双親 居二必然是你身 時值月令多損傷 吉星化觧满安康 此造命中官星照 運至別迁紫衣鮮 五馬端然喜氣归 可保安康福自臻

月明
借里
時通
扇户
杏擢

八字生下最清利
若还不驚也不拘
寅時生人祿聚自
若是官居品格貴
丑時生人性最雄
出自合為吏員職
房虎妻宮命不然
空費心苦不结果
己丑四柱定高強
七十一歲無零數

須防三五十宗低
以后必然成大器
魏〻清職做县丞
運至升迁胆氣宏
此命合主為貴星
后來運至紫衣陞
数定尅子少見男
只恐结实难周全
便是你命定的真
夢斷乘馬見閻君

二刻十分

楚魂 秋分 星明 善毫 辰宿

鶯声燕語越心怀　夗央團圓兩相盟
妻宮辰申属雞相　石榴木旺在春生
四柱生来命不強　一週五歲有灾殃
若要自边無灾患　許為僧道兩爹娘
此命前定格局清　貴人之生逢酉時
皇封腰巾錦玉帶　已后官封县郡職
命逢辛丑是属牛　注定三代古人留
納音壁上土為命　一世榮華少憂愁
此命生来官印全　一世旺相是迁綿
幼小灵性寄外姓　永保自安寿命長

是托
陶益
柳崔
陳俗
使時

丑時宦班正顯榮　宦居二尹做縣丞
馬逢祿旺定然早　富貴重陞在任清
醫家良方妙神通　藥精脈訣定君臣
經營調理素問病　比命正是戌時生
丑時生人最豐隆　騾馬牛羊有餘粮
良田一則耕種好　富貴榮華子孫旺
辰時主貴遇文星　香名燁燁書增光
先除明教縣官位　運至升遷在部堂
子時生人福祿強　不登科第居吏行
六房職分當你掌　官役滿時祿自強

二刻十分

芳声成昇千里合時鐘英

命犯孤鸞不可当
若求灾禍要消散
戊子寿命是青松
限至七十零九歲
此造格局甚聪明
三五九岁防水火
清風明月良宵夜
辛酉属雞係妻命
四柱必定是英雄
若過三五九岁间

今主火年火灾殃
除非寄姓得安康
火見鸞惶定不定
黄梁大数一夢中
无関无煞养成人
到處自有吉人臨
一枕鴛鴦可同盟
石榴木旺送秋風
身供胆大多行伍
永無灾禍享福祿

天印
统坤
宗四
作更
醋延

格局天印主命星
八字遇官有权位
命中辰子鼠年生
瑞然喜氣多興隆
栽花種菓等時來
丹桂堂前生二子
子時初刻自清魁
榮承忠孝垂青簡
八字你命天時生
功同良相作经理

汝当正逢戌時生
職受州郡显名声
納音壁上土為命
祿星明月上無灵
風送斜阴月滿台
三系梨花应時開
才旺生官一县丞
久后加升紫衣红
医藥方脈有神灵
妙方普濟天下通

二刻十二分

寅土
調义
春昂
牛木
玉秀

子時生人庄田富
耕田種地人口旺
已時丕逢遇文星
勅封先除教官位
你命乙丑是属牛
才最海中金水旺
未時生人最高強
廣有才帛人馬旺
声洪胆大必有福
待過三四八崇后

五福臨门家荣昌
牛馬成羣子孫強
天乙执卷承位重
運至别升更身荣
红鸾同会几千秋
更得内助世無愁
耕種田庄有餘粉
荣華富貴在高堂
果然闻啼知英武
必然峥嵘享福禄

深心馳星攬觀弁端白兩

亥時生人在命宮
官居州衙為吏目
甲子定命海中金
凡人才旺皆稟命
亥時清閑主文章
先除外輪居清位
主定你命是丁未
納音已知天河水
申時生人濟滐室
脉理通悯多精粹

天爵居位錄重重
運至別轉又加升
富貴榮華喜重重
賢才星躍主亨通
脩戚官位明倫堂
后運迁升在君邦
生來本命是屬羊
運逢百代衣錄昌
習演良方大明医
針灸百法玄妙机

二刻十三分

柳洞
氏法
閘磨
大曜
休滯

亥時生人最超羣
常食天祿重加俸
父母生成花枝均
数算此命你居二
四柱先天配姻緣
屬蛇隹人命主破
年時生人祿貴清
八字生就官星显
先天数算定的真
若是自己無傷害

戝受官清做县丞
以后運至別迁升
姊妹原來是五人
可喜心性最灵巧
中年尅妨子立难
結子不成枉徒然
戝受迁升郡名位
代代褒贈受皇封
此運風流帶破身
命主一命見闫君

天台 候炉 牛女 仙姬 鵬鶚

此造流年有高低
関煞破害吉星地
酉時生人戌受清
初任县宰為領袖
大運行來丑上發
若是異家並立業
已運十年多平平
時実月危若是过
八字聰明又生能
三五七歲防水火

一週半歲要驚啼
三五歲后莫遊疑
勅賜祿位在县丞
富貴榮華后迁升
連年成敗主憂愁
除非轉運方解憂
凡事瑣碎不順情
方显運轉才自亨
無煞無関養成人
心内恐惧吉星臨

二刻十四分

最星
角丁
必丁
福栢
老豆

卯運之中時不濟
日晚西沉難見影
翠竹新嫩長松枝
金水見郎閨月子
狂風飄雨草凄〻
水命見郎火命子
從來八字前生定
毋宮若是属鷄命
數定八字福自周
先花后菓數已定

平〻十年多蹇滯
未來亨通方大吉
先天數定在海稍
土火相生得堅牢
花放枝頭果見稀
產后重數最為吉
父母(親)属蛇可相生
代〻家業自與隆
兔郎之命喜過秋
金水閨文卧土坵

當天

時正刻正数最明
演星神数难逃此

父親定就是屬牛
五行生尅可推詳

二刻十五分

十水
平歸
合巹
琴瑟
如鼓

數到此刻早先知
先推你父是何相
一十三歲喜無边
男欢女樂在一處
一十四歲喜氣連
男女好合在一處
桃花柳承是春天
樂時犹如花開早
一十六歲正妙年
可是古人遇良辰

万事难出五行中
數定屬虎寅年生
红鸞天喜在此年
賽如廣寒宮裏仙
姻緣成就永團圓
亦是人间一洞仙
一十五歲妻團圓
好似蝴蝶戲白蓮
好是仙子降凡来
朱陳交好世世綿

窈窕
淑女
宜其
室家
紅鸞

月到十五又重元
十七之歲姻緣就
男女交配是人倫
一十八歲婚姻昷
吉星照臨福祿深
牛郎織女共一處
二十歲上婚姻成
唱隨自能起基業
二十一歲正當年
紅鸞俱是天配就

人在青春樂少年
好似蝴蝶落花前
前生造定數最真
夫妻同室一家人
一十九歲配成婚
鍾鼓琴瑟樂欣〻
夫妻交合正青春
平〻安〻一世榮
万福來臨喜無边
兩姓合成一家緣

二刻六分

天喜
貴臨
順吉
盡知

世上人情莫胡言
算居二十二歲上
不早不遲喜星來
夫妻合〻成宗業
春日本是融和天
鸞鳳定配二十四
戊申原來是屬候
此命定是大驛土

萬事定来總在天
一对鴛鴦合良緣
二十三歲女配男
一團和氣萬万年
桃之夭〻合良緣
宜其室家永和諧
此命正在納音求
一世福祿更久長

二刻七分

天火

花正吐時清風雨
妻宮屬羊巳未命

鴛鴦交頸可成双
天上火旺合家成